Himmelsgrenzen: Ein umfassender Blick auf Drohnen und ihre Anwendungen

Inhaltsübersicht:

Inhaltsverzeichnis

—

—

5

Vorwort

Willkommen in einer Ära der Innovation und Entdeckung, in der die Grenzen zwischen Himmel und Erde verwischen und wir die Welt mit neuen Augen sehen können. Dieses Buch lädt dich ein, in die faszinierende Welt der Drohnen einzutauchen – jene Flugroboter, die nicht nur den Himmel erobern, sondern auch unsere Vorstellungskraft beflügeln.

Wir leben in einer Zeit, in der Technologie und Kreativität Hand in Hand gehen, um uns unvorstellbare Möglichkeiten zu eröffnen. Drohnen sind dabei keine bloßen Spielzeuge mehr, sondern bahnbrechende Werkzeuge, die uns die Fähigkeit verleihen, die Welt aus der Vogelperspektive zu erkunden. Von atemberaubenden Luftbildern bis hin zu revolutionären Anwendungen in Wissenschaft, Medizin und Unterhaltung sind Drohnen zu einem unaufhaltsamen Symbol des Fortschritts geworden.

In diesem Buch werden wir gemeinsam in die Lüfte aufsteigen, um die aufregende Reise der Drohnen zu verfolgen. Wir werden uns in die virtuellen Cockpits setzen und die Kontrolle über die Flugroboter übernehmen, um über Wolkenkratzer zu schweben und in atemberaubende Landschaften einzutauchen. Wir werden die Technologie hinter den Kulissen verstehen und die kreative Kraft entdecken, die Drohnen in die Hände von Enthusiasten und Profis legenAber das ist erst der Anfang. Dieses Buch wird nicht nur den gegenwärtigen Stand der Drohnentechnologie beleuchten, sondern auch den Blick in die Zukunft wagen. Wir werden uns vorstellen, wie Drohnen unsere Welt in den kommenden Jahren verändern werden – von autonomen Bienenschwärmen bis hin zu sprechenden KI-Drohnen, die unser Leben in bisher unvorstellbarer Weise bereichern.

Doch während wir uns auf diese aufregende Reise begeben, dürfen wir nicht die ethischen, rechtlichen und Umweltaspekte vergessen, die mit der Nutzung von Drohnen einhergehen. Wie können wir die Vorteile dieser Technologie maximieren, ohne dabei unsere Privatsphäre, Sicherheit und Umwelt zu gefährden? Wie können wir die Macht der Drohnen verantwortungsbewusst nutzen, um die Welt besser zu machen?

Dieses Buch ist eine Einladung, nicht nur die Technologie zu verstehen, sondern auch die Geschichte dahinter zu erleben. Wir werden die Menschen kennenlernen, die diese Innovationen vorantreiben, und die Geschichten hören, die sie erlebt haben. Denn Drohnen sind mehr als nur Maschinen – sie sind ein Spiegelbild unserer menschlichen Neugier, Kreativität und Entschlossenheit.Bereite dich darauf vor, abzuheben und die Welt aus einer neuen Perspektive zu sehen. Dieses Buch wird dich auf eine Reise mitnehmen, die deine Vorstellungskraft erweitern wird und dir zeigen wird, dass die Möglichkeiten über den Horizont hinausgehen. Willkommen in der Ära der Drohnen – einer Ära, in der der Himmel nicht mehr die Grenze ist, sondern der Anfang.

Kapitel -1-

Kapitel 1.1 - Einführung in Drohnen

Die Faszination für Drohnen ist in den letzten Jahren stetig gewachsen, und ihr Einsatz hat sich von militärischen Anwendungen zu einer breiten Palette von zivilen und privaten Nutzungen ausgedehnt. In diesem Kapitel werden wir in die Welt der Drohnen eintauchen, ihre Bedeutung verstehen und die Grundlagen ihrer Funktionsweise kennenlernen.

Die Bedeutung von Drohnen

Drohnen, auch bekannt als unbemannte Luftfahrzeuge (UAVs), sind Fluggeräte ohne menschliche Besatzung an Bord. Sie haben eine beeindruckende Vielseitigkeit in verschiedenen Bereichen, darunter Luftbildfotografie, Kartierung, Landwirtschaft, Rettungsmissionen, Forschung und Unterhaltung. Die fortschreitende Miniaturisierung von Technologie und die Entwicklung fortschrittlicher Sensoren haben Drohnen zu leistungsfähigen Werkzeugen gemacht, die ein breites Spektrum von Aufgaben erfüllen können.

Die Evolution der Drohnentechnologie

Die Entwicklung von Drohnen begann in militärischen und sicherheitsrelevanten Kontexten. Frühe Drohnen wurden für Aufklärungsmissionen und gezielte Angriffe verwendet. Mit Fortschritten in Technologie und Miniaturisierung hat sich der Fokus von Drohnen jedoch erweitert. Heute werden sie in einer Vielzahl von Bereichen eingesetzt, von der Umweltüberwachung bis hin zur Unterhaltungsindustrie.

Grundlegende Komponenten und Funktionsweise

Moderne Drohnen bestehen aus einer Reihe von Komponenten, darunter Rahmen, Motoren, Steuerungselektronik, Sensoren und Kameras. Diese Komponenten arbeiten zusammen, um die Drohne stabil in der Luft zu halten, Flugmanöver auszuführen und Aufgaben zu erfüllen. Die Kombination von Technologie und Innovation ermöglicht es Drohnen, präzise und autonom zu fliegen.

Rechtliche und ethische Aspekte

Die zunehmende Verbreitung von Drohnen hat auch rechtliche und ethische Fragen aufgeworfen. Die Regulierung der Drohnennutzung variiert je nach Land und kann Höhenbeschränkungen, Flugverbotszonen und Datenschutzbestimmungen umfassen. Es ist wichtig, die Gesetze und Vorschriften zu kennen und verantwortungsbewusst zu fliegen.

Zukunftsaussichten

Die Zukunft der Drohnentechnologie ist vielversprechend, da ständige Innovationen zu neuen Anwendungen und Möglichkeiten führen. Drohnen könnten eine Rolle in der Lieferlogistik, dem Umweltschutz, der Wissenschaft und vielen anderen Bereichen spielen. In den folgenden Kapiteln werden wir die vielfältigen Anwendungen und Ideen für die private Nutzung von Drohnen erkunden.

Dieses Kapitel gibt einen ersten Einblick in die aufregende Welt der Drohnen. In den kommenden Abschnitten werden wir tiefer in verschiedene Aspekte der Drohnennutzung eintauchen und die vielen Möglichkeiten entdecken, die diese Technologie bietet.

Kapitel 1.2 - Geschichte der Drohnen

Die Geschichte der Drohnen reicht weit zurück und ist eng mit den Fortschritten in der Luftfahrt- und Militärtechnologie verbunden. Die ersten Vorläufer der modernen Drohnen lassen sich bis in das frühe 20. Jahrhundert zurückverfolgen. Eine der bemerkenswertesten Pionierleistungen in diesem Bereich war die Entwicklung des "Kettering Bug" während des Ersten Weltkriegs. Diese unbemannte Flugmaschine wurde entwickelt, um Bomben über feindliche Linien abzuwerfen und markierte den Beginn einer Ära, in der Drohnen für militärische Zwecke eingesetzt wurden.

In den folgenden Jahrzehnten wurden Drohnen kontinuierlich weiterentwickelt und verbessert. Während des Zweiten Weltkriegs wurden verschiedene Arten von Fernlenkflugzeugen eingesetzt, um feindliche Ziele zu erkunden und anzugreifen. Diese frühen Drohnen waren oft noch rudimentär und erforderten eine komplexe Steuerung.

Mit dem Beginn des Kalten Krieges und des Wettrüstens zwischen den USA und der UdSSR wurden Drohnen verstärkt für Aufklärungs- und Spionagezwecke eingesetzt. Insbesondere während der 1950er und 1960er Jahre entwickelten beide Seiten eine Vielzahl von Drohnenmodellen, um geheime Informationen über feindliche Territorien zu sammeln.

Der Einsatz von Drohnen setzte sich auch in den folgenden Jahrzehnten fort, wobei die Technologie immer ausgefeilter wurde. Während des Golfkriegs in den 1990er Jahren wurden Drohnen zur Überwachung von Feindgebieten eingesetzt, und im Laufe der Zeit entwickelten sich auch bewaffnete Drohnen, die gezielte Angriffe durchführen konnten.

Mit dem Aufkommen der zivilen Luftfahrtindustrie begannen Drohnen langsam, ihren Weg in den zivilen Sektor zu finden. In den letzten Jahren hat sich die Technologie exponentiell weiterentwickelt, was zu einer breiten Palette von Drohnenmodellen geführt hat, die für verschiedene Anwendungen und Märkte geeignet sind.

Die Geschichte der Drohnen zeigt deutlich, wie sich diese Technologie von ihren militärischen Anfängen zu einer vielseitigen und zunehmend zugänglichen Innovation entwickelt hat. In den folgenden Kapiteln werden wir die verschiedenen Facetten der Drohnennutzung erkunden und wie sie unser tägliches Leben beeinflusst haben und weiterhin beeinflussen werden.

Mit dem Beginn des 21. Jahrhunderts erlebten Drohnen eine beispiellose Entwicklung und Verbreitung. Neue technologische Durchbrüche ermöglichten kleinere, leichtere und kostengünstigere Drohnen, die für eine breitere Palette von Anwendungen geeignet waren. Diese Entwicklungen trugen dazu bei, dass Drohnen nicht nur in militärischen und sicherheitsrelevanten Bereichen eingesetzt wurden, sondern auch in der kommerziellen, wissenschaftlichen und Freizeitnutzung.

Ein bedeutender Meilenstein in der Geschichte der Drohnen war die Einführung von Drohnen für den zivilen Markt. Unternehmen begannen, erschwingliche und benutzerfreundliche Drohnen für Hobbyisten, Fotografen, Filmemacher und Enthusiasten anzubieten. Diese Veränderung trug dazu bei, dass Drohnentechnologie für eine breitere Bevölkerungsschicht zugänglich wurde und eröffnete neue Möglichkeiten für Kreativität und Innovation.

Ein weiterer Schritt in der Entwicklung von Drohnen war die Integration von fortschrittlichen Sensoren und Kameras. Dies ermöglichte hochauflösende Luftaufnahmen, 3D-Kartierung, Vermessung und Inspektion schwer zugänglicher Orte wie Gebäudedächern, Brücken und Infrastrukturen. Drohnen wurden zu unverzichtbaren Werkzeugen in Branchen wie Immobilien, Bauwesen, Landwirtschaft und Umweltschutz.

Parallel dazu entwickelten sich auch autonome Drohnen, die in der Lage sind, vordefinierte Routen zu fliegen, Hindernissen auszuweichen und komplexe Aufgaben ohne menschlichen Eingriff auszuführen. Diese Autonomie eröffnete neue Anwendungsbereiche, wie beispielsweise die Erkundung von gefährlichen Umgebungen, die Überwachung von Wildtieren und die Lieferung von medizinischen Hilfsgütern in abgelegene Gebiete.

Die Geschichte der Drohnen ist geprägt von einer stetigen Evolution von militärischen Anfängen hin zu einem breiten Spektrum von zivilen Anwendungen. Während die Technologie weiterhin rasante Fortschritte macht, ist es wichtig, die ethischen, rechtlichen und sozialen Implikationen der Drohnennutzung zu berücksichtigen. In den folgenden Kapiteln werden wir die faszinierende Welt der Drohnen weiter erkunden, von ihren vielfältigen Anwendungsmöglichkeiten bis hin zu den Herausforderungen und Chancen, die sie für unsere Gesellschaft mit sich bringen.

In den letzten Jahren hat sich die Drohnentechnologie rasant entwickelt und einen unaufhaltsamen Aufstieg erlebt. Eine zentrale Figur in dieser Entwicklung ist die Firma DJI (Dà-Jiāng Innovations Science and Technology Co., Ltd.), die zu einem weltweit führenden Unternehmen im Bereich Drohnentechnologie geworden ist.

DJI: Einfluss und Innovation

Gegründet im Jahr 2006 von Frank Wang in Shenzhen, China, hat sich DJI zu einem unangefochtenen Marktführer im Drohnenbereich entwickelt. Mit einer beeindruckenden Palette von Produkten, darunter Consumer-Drohnen, professionelle Luftbildplattformen und Industrieanwendungen, hat DJI die Art und Weise revolutioniert, wie Drohnen genutzt werden.

Breite Produktpalette und technologische Durchbrüche

DJI brachte einige der innovativsten und erfolgreichsten Drohnenmodelle auf den Markt, darunter die Phantom-Serie, die Mavic-Serie und die Inspire-Serie ganz zu schweigen von der Matrice. Diese Drohnen zeichnen sich durch fortschrittliche Flugstabilität, hochwertige Kameras und intuitive Steuerungssysteme aus. DJI führte auch wegweisende Technologien wie Hinderniserkennung, automatische Flugmodi und Bildstabilisierung ein, die die Benutzerfreundlichkeit und die Einsatzmöglichkeiten von Drohnen erweitert haben.

Breite Anwendungsbereiche und Innovationen

Durch die Vielseitigkeit ihrer Produkte hat DJI dazu beigetragen, Drohnen in verschiedene Branchen zu integrieren. Fotografen und Filmemacher nutzen DJI-Drohnen für atemberaubende Luftaufnahmen, Landwirte für die Überwachung von Ernten, Rettungskräfte für Such- und Rettungseinsätze, Wissenschaftler für Kartierung und Forschung, und viele andere.

Herausforderungen und ethische Überlegungen

Der Erfolg von DJI hat jedoch auch Fragen hinsichtlich Datenschutz, Privatsphäre und Sicherheit aufgeworfen. Die zunehmende Verbreitung von Drohnen hat regulatorische Herausforderungen und Anliegen in Bezug auf Flugsicherheit und Überwachung ausgelöst. DJI steht vor der Aufgabe, diese Herausforderungen anzugehen und eine verantwortungsvolle Nutzung von Drohnentechnologie zu fördern.

Die Geschichte der Drohnen wird somit nicht nur von technologischen Fortschritten, sondern auch von den Akteuren und Unternehmen geprägt, die diese Technologie vorantreiben. DJI hat zweifellos einen bedeutenden Einfluss auf die Entwicklung und Verbreitung von Drohnen weltweit gehabt und bleibt ein zentraler Akteur in dieser aufstrebenden Branche. In den folgenden Kapiteln werden wir uns weiter mit den vielfältigen Anwendungsbereichen von Drohnen auseinandersetzen und dabei auch auf den Beitrag von Unternehmen wie DJI eingehen.

Kapitel 1.3 - Grundlegende Komponenten und Funktionsweise (von Drohnen)

Moderne Drohnen sind faszinierende technische Meisterwerke, die aus einer Vielzahl von Komponenten bestehen, um stabil und präzise in der Luft zu agieren. Dieses Kapitel wirft einen detaillierten Blick auf die grundlegenden Bausteine von Drohnen und erklärt ihre Funktionsweise.

Rahmen und Struktur

Der Rahmen einer Drohne bildet das Grundgerüst, an dem alle anderen Komponenten befestigt sind. Er besteht oft aus leichtem Material wie Kohlefaser oder Kunststoff, um das Gewicht zu reduzieren und die Flugleistung zu optimieren. Die Form des Rahmens kann je nach Drohnenmodell variieren und beeinflusst die Stabilität und Manövrierfähigkeit der Drohne.

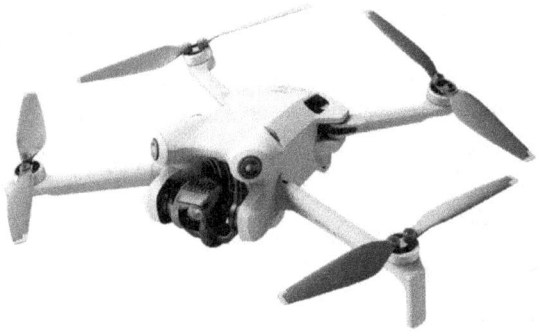

Motoren und Propeller

Die Motoren sind verantwortlich für den Antrieb der Drohne. Meistens sind Drohnen mit vier, sechs oder acht Motoren ausgestattet, je nach Modell. Die Motoren treiben die Propeller an, die wiederum für den Auftrieb und die Steuerung der Drohne verantwortlich sind. Durch Variation der Drehzahl der Motoren kann die Drohne gesteuert, stabilisiert und bewegt werden.

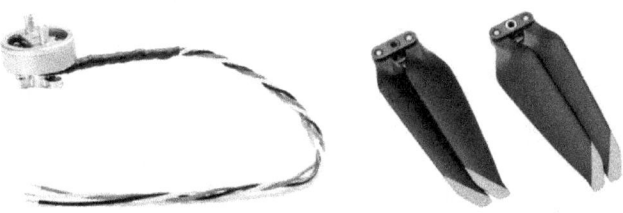

Steuerungselektronik und Flugcontroller

Die Steuerungselektronik ist das Gehirn der Drohne und umfasst den Flugcontroller sowie Sensoren wie Gyroskope, Beschleunigungsmesser und Magnetometer. Diese Sensoren messen kontinuierlich die Ausrichtung, Bewegung und Position der Drohne. Der Flugcontroller verarbeitet diese Informationen und steuert die Motoren entsprechend, um die gewünschten Flugbewegungen auszuführen.

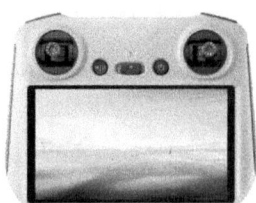
DJI RC Controller

Fernsteuerung und Kommunikation

Die meisten Drohnen werden über eine Fernsteuerung oder eine mobile App gesteuert. Die Fernsteuerung ermöglicht es dem Piloten, Steuersignale an die Drohne zu senden, während die Drohne mit dem Flugcontroller kommuniziert, um die Anweisungen umzusetzen. Moderne Drohnen sind oft mit GPS-Modulen ausgestattet, die eine präzise Positionsbestimmung und Flugplanung ermöglichen.

Stromversorgung und Batterien

Die Stromversorgung einer Drohne erfolgt in der Regel durch wiederaufladbare Lithium-Polymer-Batterien. Die Kapazität der Batterien beeinflusst die Flugzeit der Drohne. Fortgeschrittene Drohnenmodelle können mithilfe von modularen Batteriesystemen auch längere Flugzeiten erreichen.

Kamera und Sensoren

Drohnen können mit verschiedenen Arten von Kameras und Sensoren ausgestattet sein, darunter hochauflösende Kameras, Infrarot-Sensoren, Lidar und mehr. Diese Sensoren ermöglichen Funktionen wie Luftbildfotografie, 3D-Kartierung, Hinderniserkennung und autonomes Fliegen.

Die erfolgreiche Interaktion all dieser Komponenten ermöglicht es Drohnen, in der Luft zu schweben, präzise Manöver auszuführen und eine breite Palette von Aufgaben zu erfüllen. In den folgenden Abschnitten werden wir die verschiedenen Anwendungsmöglichkeiten von Drohnen näher betrachten und wie ihre technologischen Eigenschaften diese Anwendungen ermöglichen.

Kapitel 1.4 - Verschiedene Arten von Drohnen

Drohnen gibt es in einer Vielzahl von Ausführungen, die für verschiedene Anwendungen und Einsatzbereiche konzipiert wurden. Von kleinen Quadrocoptern bis hin zu leistungsstarken Hexacoptern und Octocoptern - jede Drohnenart hat spezifische Eigenschaften und Funktionen, die sie für bestimmte Aufgaben prädestinieren. In diesem Kapitel werden wir die verschiedenen Arten von Drohnen erkunden und ihre charakteristischen Merkmale verstehen.

Quadrocopter - Wendig und stabil

Quadrocopter sind eine der häufigsten Drohnenarten und zeichnen sich durch ihre vier Propeller aus. Dank ihrer einfachen Bauweise und hohen Manövrierfähigkeit sind sie ideal für Luftbildfotografie, Videoaufnahmen und Freizeitflüge. Die meisten Einsteigerdrohnen fallen in diese Kategorie, da sie leicht zu steuern sind und oft mit integrierten Kameras ausgestattet sind.

Hexacopter und Octocopter

Mehr Power und Stabilität - Hexacopter haben sechs Propeller, während Octocopter acht Propeller aufweisen. Diese Drohnenarten bieten eine höhere Tragkraft und Stabilität, was sie für anspruchsvolle Aufgaben wie professionelle Filmaufnahmen, Kartierung und Inspektionen geeignet macht. Die zusätzlichen Propeller bieten Redundanz und erhöhen die Flugsicherheit.

Faltbare Drohnen

Portabilität und Bequemlichkeit Faltbare Drohnen sind für ihre kompakte Bauweise bekannt, die es ermöglicht, sie leicht zu transportieren und zu verstauen. Diese Drohnen eignen sich hervorragend für Reisen und Outdoor-Abenteuer, da sie in Rucksäcken oder Taschen Platz finden. Trotz ihrer Größe bieten sie oft fortschrittliche Funktionen und hochwertige Kameras.

Eine bemerkenswerte Entwicklung in der Drohnentechnologie ist die Einführung von faltbaren Drohnen, die sich durch ihre kompakte Bauweise auszeichnen. Ein herausragendes Beispiel dafür ist die Mavic-Serie von DJI, die dazu beigetragen hat, die Portabilität und Bequemlichkeit von Drohnen zu erhöhen.

Die DJI Mavic-Drohnen zeichnen sich durch ihre Faltbarkeit aus, was es ermöglicht, sie leicht zu transportieren und zu verstauen. Diese Drohnen können in wenigen Schritten zusammengeklappt werden, wodurch sie in Rucksäcken, Handtaschen oder sogar in der Jackentasche Platz finden. Trotz ihrer kompakten Größe bieten die Mavic-Drohnen fortschrittliche Funktionen, hochwertige Kameras und eine beeindruckende Flugleistung.

Die Mavic-Serie umfasst verschiedene Modelle, darunter aktuell die Mavic Air 3, Mavic 3 Pro und Mini 4 Pro. Jedes Modell bietet eine einzigartige Kombination von Eigenschaften, die es Nutzern ermöglichen, die Drohne auszuwählen, die am besten zu ihren Bedürfnissen passt. Die Mavic-Drohnen sind ideal für Reisende, Abenteurer und Fotografen, die unterwegs beeindruckende Luftaufnahmen und Videos erstellen möchten, ohne dabei auf Tragbarkeit verzichten zu müssen.

Die Faltbarkeit der Mavic-Drohnen hat neue Möglichkeiten eröffnet, Drohnentechnologie in verschiedene Aspekte unseres Lebens zu integrieren. Von der Erkundung entfernter Orte bis hin zur Erfassung unvergesslicher Momente bieten die faltbaren Drohnen von DJI eine bequeme und leistungsstarke Lösung für Luftaufnahmen und Kreativprojekte. In den folgenden Kapiteln werden wir noch tiefer in die Welt der Fotografie mit Drohnen eintauchen und Ideen für beeindruckende Aufnahmen erkunden.

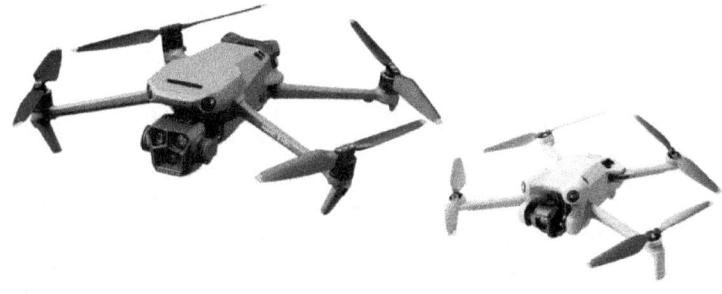

DJI Mavic 3 Pro   DJI Mini 4 Pro

Drohnen für spezielle Anwendungen - Landwirtschaft, Rettung und mehr

Innovationen in der Drohnentechnologie haben zur Entwicklung von Drohnen geführt, die speziell für bestimmte Branchen und Aufgaben konzipiert sind. Drohnen in der Landwirtschaft können Felder kartieren und Pflanzengesundheit überwachen. Rettungsdienst-Drohnen können nach Vermissten suchen und lebensrettende Hilfsgüter liefern. Diese spezialisierten Drohnen tragen dazu bei, effiziente und kostengünstige Lösungen für komplexe Herausforderungen zu bieten.

Racing-Drohnen - Adrenalin und Geschwindigkeit

Racing-Drohnen sind auf Geschwindigkeit und Agilität ausgelegt und werden oft von FPV (First Person View) Piloten gesteuert. Diese Drohnen können atemberaubende Rennen durch Hindernisparcours absolvieren und bieten eine einzigartige Perspektive aus der Sicht des Piloten.

Die Vielfalt der Drohnenarten ermöglicht es Nutzern, das ideale Modell für ihre spezifischen Bedürfnisse auszuwählen. Von der Freizeitnutzung über professionelle Anwendungen bis hin zu wissenschaftlichen und humanitären Aufgaben bieten Drohnen eine beeindruckende Bandbreite an Möglichkeiten. In den nächsten Kapiteln werden wir die private Nutzung von Drohnen genauer erkunden und Ideen für kreative Anwendungen und Fotografie betrachten.

Kameradrohnen - Luftbildfotografie und Videografie

Eine der beliebtesten Anwendungen von Drohnen ist die Luftbildfotografie und Videografie. Kameradrohnen sind mit hochauflösenden Kameras ausgestattet, die beeindruckende Aufnahmen aus der Vogelperspektive ermöglichen. Vom Einfangen atemberaubender Landschaften bis hin zur Dokumentation von Veranstaltungen bieten Kameradrohnen eine kreative Möglichkeit, Momente festzuhalten und einzigartige Perspektiven zu erfassen.

FPV-Drohnen: Immersive Flugerfahrung

FPV-Drohnen (First Person View) ermöglichen es Piloten, in Echtzeit durch die Augen der Drohne zu sehen, indem sie eine spezielle VR-Brille tragen. Diese Drohnen sind oft leicht und wendig, was sie ideal für Luftrennen und akrobatische Manöver macht. Die immersive Flugerfahrung von FPV-Drohnen vermittelt ein Gefühl von Geschwindigkeit und Freiheit, dass sie bei Drohnenenthusiasten sehr beliebt macht.

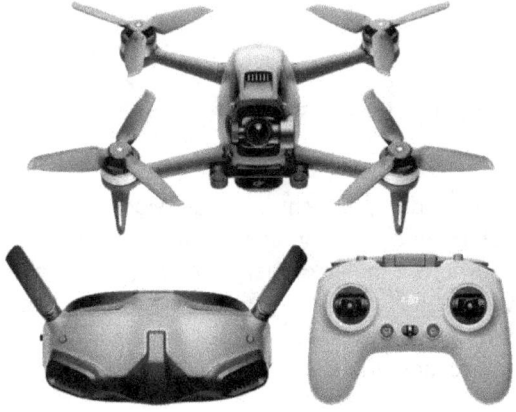

DJI FPV Combo

Drohnen für wissenschaftliche Forschung - Datensammlung und Untersuchung

In der wissenschaftlichen Forschung werden Drohnen zunehmend für Datensammlung und Untersuchungen eingesetzt. Sie können Umweltveränderungen überwachen, Tiermigrationen verfolgen, geologische Formationen kartieren und vieles mehr. Die Fähigkeit, schwer zugängliche Gebiete zu erreichen und genaue Daten zu sammeln, macht Drohnen zu wertvollen Werkzeugen für Forscher und Wissenschaftler.

Lieferdrohnen: Zukunft des Transports

Lieferdrohnen haben das Potenzial, die Art und Weise zu revolutionieren, wie Güter transportiert werden. Einige Unternehmen arbeiten an der Entwicklung von Drohnen, die Pakete an Kunden liefern können, was zu schnelleren und effizienteren Lieferungen führen könnte. Während Lieferdrohnen noch in den Anfängen stehen, könnten sie in Zukunft eine bedeutende Rolle im Logistiksektor spielen.

Drohnen für Bildung und Lernen - STEAM-Fähigkeiten fördern

Drohnen bieten auch Bildungseinrichtungen die Möglichkeit, STEAM-Fähigkeiten (Science, Technology, Engineering, Arts, Mathematics) zu fördern. Schüler können Drohnen programmieren, Flugrouten entwerfen und technische Konzepte verstehen. Diese praktischen Erfahrungen helfen, das Interesse der Schüler an Wissenschaft und Technologie zu wecken.

Die verschiedenen Arten von Drohnen bieten vielfältige Möglichkeiten für kreative und praktische Anwendungen. Von der Fotografie über Rennen bis hin zur wissenschaftlichen Forschung sind Drohnen zu einem unverzichtbaren Werkzeug geworden, das die Grenzen der Innovation und Kreativität erweitert. In den folgenden Kapiteln werden wir uns mit Ideen für die private Nutzung von Drohnen befassen und wie sie zur Fotografie und kreativen Projekten beitragen können.

Kapitel 1.5 - Gesetzliche Bestimmungen und Regulierungen

Die wachsende Beliebtheit von Drohnen hat zu verstärkten
Bemühungen seitens der Regierungen geführt, die Nutzung und den
Betrieb von Drohnen zu regulieren. Diese gesetzlichen
Bestimmungen zielen darauf ab, die Sicherheit im Luftraum zu
gewährleisten, die Privatsphäre zu schützen und potenzielle Risiken
zu minimieren. In diesem Kapitel werden wir einen Überblick über
die wichtigsten gesetzlichen Bestimmungen und Regulierungen im
Zusammenhang mit Drohnen geben.

Luftfahrtbehörden und Registrierung

Die meisten Länder haben Luftfahrtbehörden, die für die
Regulierung und Überwachung des Luftraums zuständig sind. In
vielen Fällen müssen Drohnenbetreiber ihre Drohnen registrieren
und gegebenenfalls eine Lizenz oder Genehmigung beantragen, um
bestimmte Arten von Flügen durchführen zu können.

Flugverbotszonen und Beschränkungen

Luftfahrtbehörden legen häufig Flugverbotszonen fest, in denen das
Fliegen von Drohnen verboten ist. Dazu gehören Flughäfen,
Regierungsgebäude, Menschenansammlungen und andere sensible
Bereiche. Drohnenflüge können auch auf bestimmte
Höhenbeschränkungen und Abstandsregeln unterliegen, um
Kollisionen und Sicherheitsrisiken zu vermeiden.

Kennzeichnungspflicht und Sichtbarkeit

Einige Länder fordern von Drohnenbetreibern, dass sie ihre Drohnen mit einer eindeutigen Kennzeichnung versehen, um ihre Identifizierung zu erleichtern. Darüber hinaus können Vorschriften zur Sichtbarkeit der Drohne durch farbliche Markierungen oder Lichter bestehen, um andere Flugzeuge und Piloten zu warnen.

Datenschutz und Privatsphäre

Der Einsatz von Drohnen kann Datenschutz- und Privatsphärebedenken aufwerfen. Drohnenbetreiber sollten die Rechte und Privatsphäre anderer Personen respektieren und keine unerlaubten Aufnahmen oder Überwachungen durchführen. Einige Länder haben Gesetze erlassen, die den Schutz der Privatsphäre bei der Nutzung von Drohnen gewährleisten sollen.

Sanktionen und Strafen

Verstöße gegen die gesetzlichen Bestimmungen und Regulierungen können zu rechtlichen Konsequenzen führen, einschließlich Geldstrafen, Beschlagnahmung von Ausrüstung und Lizenzentzug. Es ist wichtig, sich über die geltenden Vorschriften in Ihrem Land zu informieren und sicherzustellen, dass Sie diese einhalten.

Die Kenntnis und Einhaltung der gesetzlichen Bestimmungen und Regulierungen sind entscheidend, um verantwortungsbewusst und sicher mit Drohnen zu fliegen. Bevor Sie Ihre Drohne in die Luft bringen, sollten Sie sich über die lokalen Gesetze und Vorschriften informieren, um eine reibungslose und sichere Nutzung zu gewährleisten. In den folgenden Kapiteln werden wir uns weiterhin mit praktischen Anwendungen von Drohnen befassen, wobei wir auch die rechtlichen und ethischen Aspekte berücksichtigen.

Verschiedene Regelungen weltweit

Die gesetzlichen Bestimmungen und Regulierungen für Drohnen variieren von Land zu Land erheblich. Während einige Länder relativ lockere Vorschriften haben, haben andere strengere Regelungen, um die Sicherheit und Privatsphäre zu gewährleisten. Es ist wichtig, sich über die spezifischen Vorschriften in Ihrem Land zu informieren, bevor Sie Ihre Drohne fliegen lassen.

Registrierung von Drohnen

In einigen Ländern ist die Registrierung von Drohnen verpflichtend. Dies dient dazu, eine klare Identifizierung der Drohne und des Eigentümers zu gewährleisten. Registrierungsverfahren können je nach Land online oder in physischen Büros durchgeführt werden. Durch die Registrierung wird sichergestellt, dass Drohnenbetreiber verantwortungsbewusst handeln und im Falle von Problemen zurückverfolgt werden können.

In Deutschland ist die Registrierung eines UAV beim Luftfahrtbundesamt (LBA) verpflichtend, sofern die Drohne mit einer Kamera ausgestattet ist. Dabei ist es unerheblich, ob diese Kamera deaktiviert, abgeklebt oder entfernt worden ist. Wenn ursprünglich eine Kamera verbaut war, unterliegt das UAV der Registrierungspflicht.

Höhen- und Abstandsbeschränkungen

Viele Länder haben festgelegte Höhenbeschränkungen für den Betrieb von Drohnen. Diese Beschränkungen sollen sicherstellen, dass Drohnen den regulären Flugverkehr nicht beeinträchtigen. Abstandsregeln können auch gelten, um sicherzustellen, dass Drohnen einen angemessenen Abstand zu Gebäuden, Menschen und anderen Flugzeugen einhalten.

Kennzeichnung und Identifizierung

Wie bereits erwähnt, fordern einige Länder von Drohnenbetreibern, dass sie ihre Drohnen mit einer eindeutigen Kennzeichnung versehen. Diese Kennzeichnung kann die Kontaktdaten des Eigentümers oder eine Registrierungsnummer enthalten. Dadurch kann im Falle eines Verlusts und/oder einer Beschädigung der Drohne eine Identifizierung und Rückgabe erleichtert werden.

Privatsphäre und Datenschutz

Die Nutzung von Drohnen kann Datenschutz- und Privatsphärebedenken aufwerfen. Drohnenbetreiber sollten sicherstellen, dass sie keine unerlaubten Aufnahmen von Personen, Grundstücken oder sensiblen Bereichen durchführen. Einige Länder haben spezielle Datenschutzbestimmungen für Drohnenflüge erlassen, um die Privatsphäre der Bürger zu schützen.

Verantwortungsbewusste Nutzung und Schulung

Um sicher und verantwortungsbewusst mit Drohnen zu fliegen, ist es ratsam, Schulungen und Zertifizierungen in Betracht zu ziehen. Diese Schulungen vermitteln Kenntnisse über Flugsicherheit, Gesetze und ethisches Verhalten. Sie helfen Drohnenbetreibern, ein besseres Verständnis für die Technologie und ihre Verantwortung im Luftraum zu entwickeln.

Die Einhaltung der gesetzlichen Bestimmungen und Regulierungen ist von entscheidender Bedeutung, um einen sicheren und rechtmäßigen Betrieb von Drohnen zu gewährleisten. Es ist ratsam, sich vor dem Fliegen ausführlich über die Vorschriften in Ihrem Land zu informieren und sicherzustellen, dass Sie alle erforderlichen Genehmigungen und Zertifizierungen haben. Indem Sie die Regeln befolgen, tragen Sie zur Sicherheit der Luftfahrt und zum Schutz der Privatsphäre bei und ermöglichen gleichzeitig die positive Nutzung von Drohnentechnologie.

Drohnenführerscheine: A1/A3, A2 und STS-Zertifikat

Um die Sicherheit im Luftraum zu gewährleisten und sicherzustellen, dass Drohnenbetreiber die erforderlichen Fähigkeiten und Kenntnisse besitzen, haben einige Länder spezielle Drohnenführerscheine eingeführt. Diese Führerscheine werden je nach Klasse der Drohne und ihrer Nutzung vergeben. Die am häufigsten verwendeten Klassen sind A1, A2 und A3. In diesem Abschnitt werden wir einen näheren Blick auf diese Führerscheinklassen werfen.

Info: Unter 250 Gramm Drohnengewicht sind zwar in Deutschland die Betreiber beim Luftfahrtbundesamt (LBA) registrierrungspflichtig, das heißt man muss eine e-ID beantragen und den Versicherungsschutz nachweisen, ansonsten sind diese Drohnen führerscheinfrei zu betreiben in der Kategorie Open A1.

Drohnenführerschein A1: Leichtgewichtige Drohnen in niedrigen Höhen

Der Drohnenführerschein der Klasse A1 richtet sich an Drohnenbetreiber, die leichte Drohnen mit einem Gewicht von weniger als 250 Gramm fliegen möchten. Diese Klasse eignet sich für den Freizeitgebrauch und erfordert eine theoretische Prüfung, die grundlegende Kenntnisse über Flugsicherheit, Luftverkehrsregeln und Fluggebiete abdeckt. Der Drohnenführerschein A1 ermöglicht Flüge über in der Regel unbewohnten Gebieten und erfordert keinen praktischen Flugnachweis.

Drohnenführerschein A2: Flüge in kontrollierten Gebieten mit Abstandsvorschriften

Der Drohnenführerschein der Klasse A2 gilt für Drohnenbetreiber, die in kontrollierten Gebieten oder näher an Menschen fliegen möchten. Er erfordert eine umfassendere theoretische Schulung und eine praktische Prüfung. Drohnenbetreiber müssen Abstandsvorschriften einhalten, um die Sicherheit von Menschen und Gebäuden zu gewährleisten. Der Drohnenführerschein A2 bietet mehr Flexibilität, erfordert jedoch zusätzliche Schulung und Nachweise. Ebenso setzt der A2 Führerschein den A1/A3 voraus bzw. man kann sie auch zusammen absolvieren.

Drohnenführerschein A3: Freizeitliche Flüge außerhalb von Gebäuden

Der Drohnenführerschein der Klasse A3 richtet sich an Drohnenbetreiber, die Freizeitflüge außerhalb von Gebäuden durchführen möchten, bei denen eine größere Distanz zu Menschen und Gebäuden gewahrt bleibt. Dieser Führerschein erfordert eine theoretische Schulung und kann für Drohnen mit einem höheren Gewicht gelten. Die genauen Anforderungen können je nach Land variieren. In Deutschland sind die Drohnenführerscheine A1/A3 zusammengefasst.

STS-Zertifikat:

Das STS-Zertifikat ist die neueste Errungenschaft in der Drohnenwelt. Dieser Führerschein ist zur Zeit der Veröffentlichung dieses Buches - ganz neu.

> Zuerst:
> Das EASA STS-Zertifikat baut auf dem Drohnenführerschein A2 auf.

Aber was genau bedeutet das STS Zertifikat?

Das STS Drohnenführerschein bzw. das Fernpilotenzeugnis STS bestätigt, dass die nötigen Theoriekenntnisse im Bereich der Standardszenarien (STS) in der Kategorie Specific der EU Drohnenverordnung vorhanden sind.

Wann sollte man den STS Drohnenführerschein in Betracht ziehen?

Man benötigt diesen speziellen Drohnenführerschein mit STS-Zertifikat nur dann, wenn man in Einsatzszenarien fliegen möchte, die in der allgemeinen Kategorie OPEN nicht abgedeckt sind. Für die meisten Hobby-Drohnenpiloten oder für das einfache Erstellen von Luftaufnahmen mit einer Drohne reicht normalerweise der herkömmliche EU-Drohnenführerschein aus, und möglicherweise benötigt man überhaupt keinen Drohnenführerschein. Das kommt ganz auf die entsprechende Situation an.

Etwas genauer zum STS Zertifikat / STS Drohnenführerschein:

Das STS Zertifikat (Drohnenführerschein Specific Kategorie) wird immer dann erforderlich, wenn außerhalb der standardisierten Kategorie OPEN geflogen wird und deshalb in die Kategorie Specific gewechselt wird.

Und dann haben wir auch noch das STS Theorie-Zertifikat, das ins Spiel kommt, wenn außerhalb der standardisierten Kategorie OPEN geflogen wird, aber nicht auf ein STS Standardszenario ausgewichen werden kann bzw. es nicht gewollt ist.

Was steckt hinter den Standardszenarien STS?

Das vollständige STS Zertifikat (STS Drohnenführerschein) wird benötigt, wenn bereits ein Standard-Szenario (STS) für einen speziellen Drohneneinsatz festgelegt ist und man dieses nutzen möchte. In diesen Fällen ist der bürokratische Aufwand geringer, da weniger oder gar keine zusätzlichen Genehmigungen erforderlich sind.

Hier sind einige Beispiele:

- STS-01: Einsätze mit speziellen Drohnen (Klasse C5) in dicht besiedelten Gebieten (Wohngebieten).
- STS-02: Einsätze außerhalb der Sichtweite (BVLOS) mit Drohnen der Drohnen-Klasse C6.
- DE.STS.FARM: Spezielle Einsätze in der Landwirtschaft, wie die Ausbringung von Düngemitteln oder Pestiziden / Insektiziden / Fungiziden / Pflanzenschutzmitteln mittels Drohnen, die einen Güterabwurf erfordern und/oder spezielle schwere Drohnen erfordern.

Und dann gibt es noch die PDRA Szenarien
Für die PDRA-Szenarien gelten spezielle Anforderungen:

- PDRA-S01: Ähnlich wie STS-01, kann jedoch mit unklassifizierten Drohnen geflogen werden.
- PDRA-S02: Ähnlich wie STS-02, kann jedoch mit unklassifizierten Drohnen geflogen werden.

- PDRA-G01, PDRA-G02, PDRA-G03: Die PDRA-G Missionen basieren ebenfalls auf den STS- und PDRA-S Missionen, erlauben jedoch größere Freiheiten und sind mit einem erhöhten Risiko verbunden.

Fortgeschrittene Führerscheine und berufliche Anwendungen

Für Drohnenbetreiber, die professionelle oder kommerzielle Flüge durchführen möchten, können zusätzliche Zertifizierungen und Schulungen erforderlich sein. Diese können spezifische Anforderungen für Luftbildfotografie, Kartierung, Inspektionen und andere Anwendungen umfassen. Es ist wichtig, die Vorschriften und Anforderungen in Ihrem Land zu überprüfen, wenn Sie Drohnen für geschäftliche Zwecke nutzen möchten.

Die Einführung von Drohnenführerscheinen trägt dazu bei, die Sicherheit und Verantwortung im Drohnenflug zu fördern. Durch die Absolvierung von Schulungen und Prüfungen erwerben Drohnenbetreiber das erforderliche Wissen, um sicher und rechtmäßig zu fliegen. Dies trägt zur Minimierung von Unfällen und Konflikten im Luftraum bei und ermöglicht es gleichzeitig, die vielfältigen Möglichkeiten von Drohnen verantwortungsbewusst zu nutzen.

Kapitel -2-

Drohnen für Einsteiger- und Freizeitnutzung

Kapitel 2.1 - Drohnen für die Freizeitnutzung

Drohnen haben die Art und Weise, wie wir unsere Freizeit gestalten, revolutioniert. Sie ermöglichen es uns, die Welt aus neuen Perspektiven zu betrachten und einzigartige Erlebnisse zu schaffen. In diesem Kapitel werden wir die vielfältigen Möglichkeiten erkunden, wie Drohnen für die Freizeitnutzung eingesetzt werden können.

Luftbildfotografie und Videografie

Die Welt von oben entdecken - Die Luftbildfotografie und Videografie ist eine der beliebtesten Freizeitanwendungen von Drohnen. Sie können atemberaubende Aufnahmen von Landschaften, Sehenswürdigkeiten und besonderen Momenten aus der Vogelperspektive einfangen. Die Drohne eröffnet Ihnen einzigartige Blickwinkel und ermöglicht es Ihnen, beeindruckende Bilder und Videos zu erstellen, die in Erinnerung bleiben.

Freizeitflüge und Entdeckung

Erkunden Sie neue Horizonte Fliegen Sie Ihre Drohne in Parks, am Strand oder in abgelegenen Gegenden (gesetzliche Bestimmungen beachten!), um die Schönheit der Natur aus der Luft zu erleben. Entdecken Sie neue Orte und genießen Sie den Nervenkitzel des Fliegens, während Sie beeindruckende Luftaufnahmen erstellen. Freizeitflüge bieten die Möglichkeit, die Welt aus einer neuen Perspektive zu sehen und unvergessliche Abenteuer zu erleben.

Drohnenrennen und Wettbewerbe - Adrenalin und Geschwindigkeit

Drohnenrennen haben sich zu einem aufregenden und wettbewerbsorientierten Freizeitsport entwickelt. Treten Sie gegen andere Piloten an und navigieren Sie Ihre Drohne durch anspruchsvolle Parcours. Die Geschwindigkeit und Präzision, die für Drohnenrennen erforderlich sind, bieten ein adrenalingeladenes Erlebnis und eine Möglichkeit, Ihre fliegerischen Fähigkeiten zu verbessern. Dazu gibt es später im eigenen Unterkapitel detailliertere Informationen.

Familienaktivitäten und Unterhaltung - Spaß für Groß und Klein

Drohnenfliegen kann zu einer unterhaltsamen Familienaktivität werden. Erkunden Sie gemeinsam die Umgebung, nehmen Sie lustige Gruppenfotos auf und genießen Sie die gemeinsame Zeit im Freien. Kinder und Erwachsene können gleichermaßen Freude daran haben, Drohnen zu fliegen und kreative Projekte umzusetzen.

Kreative Projekte und Experimente - Lassen Sie Ihrer Fantasie freien Lauf

Verwenden Sie Ihre Drohne als kreatives Werkzeug, um einzigartige Projekte und Experimente umzusetzen. Erstellen Sie Luftbild-Mosaikkunst, spielen Sie mit Perspektiven und Licht, oder nutzen Sie Ihre Drohne für ungewöhnliche Fotografie- und Videotechniken. Die Möglichkeiten sind nahezu grenzenlos, wenn Sie Ihrer Fantasie freien Lauf lassen.

Die Freizeitnutzung von Drohnen bietet eine Vielzahl von Möglichkeiten, Spaß zu haben, kreative Projekte umzusetzen und die Welt auf neue Weise zu entdecken. Egal, ob Sie ein angehender Fotograf, Abenteurer oder Technik-Enthusiast sind, Drohnen können Ihre Freizeitaktivitäten bereichern und unvergessliche Erlebnisse schaffen. In den nächsten Abschnitten werden wir uns eingehend mit der Luftbildfotografie und Videografie befassen, um Ihnen dabei zu helfen, beeindruckende Aufnahmen aus der Luft zu erstellen.

Freizeitflüge und Naturerkundung - Die Schönheit der Welt entdecken

Drohnen ermöglichen es Ihnen, die Natur aus einer völlig neuen Perspektive zu erleben. Fliegen Sie über Wälder, Seen und Berge, um die beeindruckende Landschaft und Tierwelt von oben zu betrachten. Nutzen Sie Ihre Drohne, um Wanderungen, Campingausflüge und andere Outdoor-Aktivitäten mit faszinierenden Luftaufnahmen zu dokumentieren.

Sportliche Aktivitäten und Abenteuer - Action aus der Luft einfangen

Egal, ob Sie Radfahren, Surfen, Skifahren oder eine andere sportliche Aktivität lieben, Drohnen bieten die Möglichkeit, diese Momente aus einer aufregenden Perspektive festzuhalten. Verfolgen Sie Ihre Aktionen aus der Luft und erfassen Sie den Nervenkitzel und die Dynamik Ihrer Abenteuer. Diese Aufnahmen können nicht nur für Sie selbst, sondern auch für Freunde und Familie beeindruckend sein.

Kreative Herausforderungen und Wettbewerbe - Testen Sie Ihre Fähigkeiten

Nehmen Sie an kreativen Herausforderungen und Wettbewerben teil, um Ihre fliegerischen Fähigkeiten und kreativen Ideen zu testen. Einige Online-Plattformen und soziale Medien bieten Gelegenheiten, an Foto- oder Videowettbewerben teilzunehmen, bei denen Drohnenaufnahmen gefragt sind. Diese Wettbewerbe können nicht nur Spaß machen, sondern auch Ihre Fähigkeiten schärfen und Ihre Kreativität fördern.

Drohnenfotografie als Hobby - Sammeln Sie einzigartige Aufnahmen

Die Fotografie mit Drohnen kann zu einem faszinierenden Hobby werden, bei dem Sie einzigartige Aufnahmen sammeln und Ihre kreative Vision ausdrücken können. Sammeln Sie Luftaufnahmen von verschiedenen Orten, Landschaften und Szenarien. Mit der Zeit können Sie eine beeindruckende Sammlung von Bildern erstellen, die Ihre Reisen und Abenteuer dokumentieren.

Entspannung und Achtsamkeit - Fliegen Sie einfach aus Freude

Manchmal geht es bei der Drohnenfreizeitnutzung nicht darum, spektakuläre Aufnahmen zu erstellen, sondern einfach um Entspannung und Achtsamkeit. Fliegen Sie Ihre Drohne in einem ruhigen Park oder am Strand, genießen Sie die Ruhe und den Ausblick. Die sanfte Bewegung und der Blick aus der Luft können beruhigend und meditativ sein, und Sie können Momente der inneren Ruhe genießen.

Die Freizeitnutzung von Drohnen bietet eine breite Palette von Erlebnissen und Möglichkeiten. Egal, ob Sie die Schönheit der Natur, sportliche Aktivitäten oder kreative Herausforderungen genießen, Drohnen eröffnen neue Wege, um Ihre Freizeit aufregend und bereichernd zu gestalten. In den kommenden Abschnitten werden wir uns auf spezifische kreative Projekte konzentrieren, die Sie mit Ihrer Drohne umsetzen können, um einzigartige Bilder und Videos zu erstellen.

Kapitel 2.2 - Drohnenmodelle für Einsteiger

Drohnen haben die Welt der Fotografie und Videografie revolutioniert und bieten sowohl Anfängern als auch erfahrenen Fotografen und Hobbyisten die Möglichkeit, beeindruckende Aufnahmen aus der Luft zu erstellen. In diesem Unterkapitel werden wir uns ausführlich mit Drohnen für Einsteiger befassen, von der Auswahl der richtigen Drohne bis hin zu den grundlegenden Flugtechniken und Sicherheitsaspekten.

Wahl der richtigen Drohne - *Ein Leitfaden für Anfänger*

Der erste Schritt für Einsteiger in die Welt der Drohnen ist die Auswahl des richtigen Modells. Es gibt eine breite Palette von Drohnen auf dem Markt, von erschwinglichen Einsteigermodellen bis hin zu fortgeschritteneren Optionen. Bevor Sie eine Entscheidung treffen, sollten Sie Ihre Bedürfnisse und Anforderungen berücksichtigen. Möchten Sie hauptsächlich fotografieren oder filmen? Werden Sie die Drohne für Freizeitflüge oder für professionelle Projekte nutzen? Denken Sie auch über Faktoren wie Flugzeit, Reichweite, Kameraqualität und Steuerungsmöglichkeiten nach.

Flugtechniken für Anfänger - Erste Schritte im Drohnenflug

Bevor Sie Ihre Drohne in die Luft bringen, ist es ratsam, sich mit grundlegenden Flugtechniken vertraut zu machen. Beginnen Sie in einem offenen Bereich ohne Hindernisse und üben Sie das Aufsteigen, Landen, Schweben und einfache Manöver. Lernen Sie, wie Sie die Drohne sicher steuern und stabil fliegen können. Achten Sie darauf, langsam zu beginnen und Ihre Flugfähigkeiten schrittweise zu verbessern.

Es ist gar nicht schwer, fürchten Sie sich nicht davor!

Praktische Übungen für den Flugbetrieb

Um Ihre Flugfähigkeiten zu verfeinern, empfiehlt es sich, regelmäßige Übungen durchzuführen. Beginnen Sie mit einfachen Manövern wie Vorwärts- und Rückwärtsflug, seitlichem Gleiten und Drehungen. Arbeiten Sie sich dann zu fortgeschritteneren Flugmanövern wie Kreisflügen und Figuren z.B. eine „8" fliegen vor. Üben Sie das Fliegen in unterschiedlichen Höhen und Geschwindigkeiten, um ein besseres Gefühl für die Steuerung Ihrer Drohne zu entwickeln.

Vermeidung von Risiken und Konflikten

Die Flugsicherheit sollte immer oberste Priorität haben. Bevor Sie Ihre Drohne starten, überprüfen Sie immer den Flugbereich auf Hindernisse, Menschenansammlungen oder Flugverbotszonen. Halten Sie stets Sichtkontakt zu Ihrer Drohne und behalten Sie die Flugbedingungen im Auge. Achten Sie darauf, dass Sie niemanden gefährden und keine Privatsphäre verletzen. Wenn Sie in einem öffentlichen Bereich fliegen, informieren Sie sich über die lokalen Gesetze und Vorschriften, um Konflikte zu vermeiden.

Flugsicherheit und Gesetze - Verantwortungsvoller Drohnenflug

Informieren Sie sich über die geltenden gesetzlichen Bestimmungen und Regulierungen für Drohnenflüge in Ihrem Land. Respektieren Sie Flugverbotszonen, halten Sie Abstandsregelungen ein und beachten Sie die Privatsphäre anderer Menschen. Fliegen Sie nicht über Menschenansammlungen oder in der Nähe von Flughäfen. Stellen Sie sicher, dass Ihre Drohne in gutem Zustand ist und keine offensichtlichen Mängel aufweist.

Vorbereitung vor dem Flug - Checkliste für Anfänger

Vor jedem Flug sollten Sie eine sorgfältige Vorbereitung durchführen, um einen reibungslosen und sicheren Flug zu gewährleisten. Überprüfen Sie den Akkustand Ihrer Drohne und der Fernsteuerung. Stellen Sie sicher, dass die Propeller richtig befestigt sind und keine Beschädigungen aufweisen. Prüfen Sie das Wetter und vermeiden Sie Flüge bei starkem Wind oder schlechten Wetterbedingungen. Planen Sie Ihre Flugroute im Voraus und identifizieren Sie mögliche Gefahren oder Hindernisse.

Checkliste für einen erfolgreichen Flug

Die sorgfältige Vorbereitung vor jedem Flug ist von entscheidender Bedeutung. Stellen Sie sicher, dass Sie alle erforderlichen Komponenten dabeihaben, einschließlich der vollständig aufgeladenen Drohnenbatterien und der Fernsteuerung. Überprüfen Sie die Flugbedingungen, indem Sie den Wind, die Wettervorhersage und mögliche Störfaktoren berücksichtigen. Planen Sie Ihre Flugroute und bestimmen Sie, welche Aufnahmen Sie erstellen möchten. Denken Sie daran, Ersatzakkus, Speicherkarten und notwendiges Zubehör einzupacken.

Flugmodi und Assistenzfunktionen - Unterstützung für Anfänger

Moderne Drohnen sind oft mit verschiedenen Flugmodi und Assistenzfunktionen ausgestattet, die Anfängern das Fliegen erleichtern. Zu diesen Funktionen gehören beispielsweise der automatische Start und die automatische Landung, die GPS-Stabilisierung und die Rückkehrfunktion bei Signalverlust. Nutzen Sie diese Funktionen, um Ihre Flugerfahrung sicherer und angenehmer zu gestalten.

Ausnutzen der Technologie

Moderne Drohnen bieten eine Vielzahl von Flugmodi und Assistenzfunktionen, die speziell für Anfänger entwickelt wurden. Der GPS-Modus ermöglicht präzises Positionieren und Schweben der Drohne. Der automatische Start und die automatische Landung erleichtern den Flugbetrieb. Die Rückkehrfunktion bringt die Drohne sicher zu Ihnen zurück. Nutzen Sie diese Funktionen, um Ihre Flugerfahrung zu verbessern und das Vertrauen in Ihre Flugfähigkeiten aufzubauen.

Praktische Übungen und Training - Meistern Sie Ihre Flugfähigkeiten

Die Beherrschung des Drohnenflugs erfordert Übung und Training. Führen Sie regelmäßig Flugübungen durch, um Ihre Flugfähigkeiten zu verbessern und mehr Vertrauen in die Steuerung Ihrer Drohne zu gewinnen. Experimentieren Sie mit verschiedenen Flugmanövern, Höhen und Perspektiven, um Ihre kreativen Möglichkeiten zu erweitern.

Herausforderungen meistern

Während Sie Ihre Fähigkeiten im Drohnenflug verbessern, können Sie sich selbst herausfordern, indem Sie verschiedene Flugmanöver und Szenarien meistern. Üben Sie das Fliegen in engen Kurven, simulieren Sie Start und Landung auf engem Raum und experimentieren Sie mit der Kontrolle der Drohne in verschiedenen Flughöhen. Durch das regelmäßige Training können Sie sicherer und versierter im Umgang mit Ihrer Drohne werden.

Pflege und Wartung - Haltbarkeit und Lebensdauer Ihrer Drohne

Die richtige Pflege und Wartung Ihrer Drohne sind entscheidend, um eine optimale Leistung und Lebensdauer sicherzustellen. Reinigen Sie die Drohne regelmäßig von Schmutz, Staub und Feuchtigkeit. Überprüfen Sie die Propeller und andere Teile auf Verschleiß oder Beschädigungen. Halten Sie die Firmware Ihrer Drohne und Fernsteuerung auf dem neuesten Stand, um von den neuesten Funktionen und Verbesserungen zu profitieren.

Reinigen Sie Ihre Drohne nach dem Fliegen mit einem weichen Mikrofasertuch. Wenn dies nicht reicht, können Sie etwas Alkohol, Brillenreinigungstücher oder Ähnliches verwenden.

Verwenden Sie keine aggressiven Reinigungsmittel!

Langlebigkeit Ihrer Drohne gewährleisten

Die Wartung Ihrer Drohne trägt dazu bei, ihre Leistung und Haltbarkeit aufrechtzuerhalten. Reinigen Sie nach jedem Flug die Drohne und die Propeller, um Schmutz und Ablagerungen zu entfernen. Überprüfen Sie die Akkus auf Beschädigungen und lagern Sie sie an einem kühlen, trockenen Ort. Achten Sie darauf, regelmäßig Firmware-Updates durchzuführen, um von den neuesten Funktionen und Verbesserungen zu profitieren.

Akkus der Drohnen

Die Akkus der Drohnen sind sogenannte LiPo's (Lithium Polymer). Diese sind vom Gewicht her sehr leicht.
Um sie vor aufblähen und Explosion zu schützen, haben sie einen Sicherheitsmechanismus eingebaut. Sie entladen sich stets selbst.
Die Entladung variiert und kann leicht bis zu 12% pro Monat betragen.

Laden Sie daher ihre Drohnenakkus erst am Flugtag, um die volle Kapazität nutzen zu können und um Ladezyklen zu sparen. Lithium-Polymer-Akkus halten in den seltensten Fällen mehr als 500 Ladezyklen durch, von daher macht es auch Sinn, die Akkus erst kurz vor dem Flug zu laden.

Ferner sollten Sie bei Nichtnutzung die Akkus regelmäßig prüfen, damit sie sich nicht tiefentladen.

Community und Ressourcen - Lernen Sie von anderen Drohnenpiloten

Treten Sie einer Drohnen-Community bei und tauschen Sie Erfahrungen, Tipps und Ratschläge mit anderen Drohnenpiloten aus. Online-Foren, soziale Medien und lokale Gruppen können großartige Quellen für Wissen und Unterstützung sein. Nutzen Sie auch Online-Tutorials, Schulungsvideos und Bücher, um Ihr Wissen über Drohnenflug und Fotografie zu vertiefen.

Viel Wissen können Sie sich auch über die Plattform „Youtube" aneignen oder Sie besuchen beispielsweise einen Präsenzkurs. Dazu können Sie sich beispielsweise über die Webseite http://www.drohnen.de informieren.

Ich kann Ihnen aus eigener Erfahrung wärmstens das ProFlyCenter in Bad Schönborn empfehlen, bei dem ich selbst mein Fernpilotenzeugnis A2 gemacht habe. Die Jungs dort sind echt spitze!

Die Welt der Drohnen für Einsteiger bietet spannende Möglichkeiten, den Flug zu erlernen, kreative Projekte umzusetzen und ein neues Verständnis für Fotografie und Technologie zu entwickeln. Mit Geduld, Übung und Verantwortung können Sie Ihre Flugfähigkeiten verbessern und beeindruckende Luftaufnahmen erstellen. In den kommenden Abschnitten werden wir spezifische kreative Projekte und Techniken für Drohnenflieger einführen, um Ihnen bei der Umsetzung einzigartiger Fotografie- und Videoprojekte zu helfen.

Lernen und Wachsen als Drohnenpilot

Die Drohnen-Community ist eine wertvolle Quelle für Informationen, Tipps und Unterstützung. Treten Sie Online-Foren und sozialen Medien bei, um sich mit anderen Drohnenpiloten auszutauschen und von ihren Erfahrungen zu lernen. Nutzen Sie Schulungsvideos, Tutorials und Bücher, um Ihre Kenntnisse über Drohnentechnologie, Flugtechniken und Fotografie zu vertiefen. Indem Sie Teil dieser Community werden, können Sie Ihr Wissen erweitern und von den Erfahrungen anderer profitieren.

Die Welt der Drohnen für Einsteiger bietet endlose Möglichkeiten für Lernen, Wachstum und kreativen Ausdruck. Indem Sie sich mit den grundlegenden Aspekten des Drohnenflugs vertraut machen, sicher fliegen und Ihre Fähigkeiten schrittweise verbessern, können Sie eine aufregende Reise in die Welt der Luftaufnahmen und -videografie erleben. In den kommenden Abschnitten werden wir uns auf spezifische kreative Projekte konzentrieren, die Sie als Einsteiger mit Ihrer Drohne umsetzen können, um einzigartige Bilder und Videos zu erstellen.

Kapitel 2.3 - Fliegen lernen: Tipps für Anfänger

Der Prozess des Drohnenfliegens kann für Anfänger zunächst herausfordernd sein, aber mit Geduld, Übung und einigen grundlegenden Tipps können Sie schnell Ihre Flugfähigkeiten verbessern. In diesem Kapitel werden wir uns ausführlich mit praktischen Tipps befassen, die Ihnen helfen werden, sicher und souverän mit Ihrer Drohne zu fliegen.

1. Beginnen Sie langsam: Als Anfänger ist es ratsam, langsam zu beginnen und sich mit den Grundlagen des Drohnenflugs vertraut zu machen. Üben Sie das Starten, Landen und Schweben in niedriger Höhe, bevor Sie komplexere Manöver ausführen.

2. Flugmodus kennenlernen: Moderne Drohnen bieten verschiedene Flugmodi, wie beispielsweise den Anfängermodus/Normalmodus/GPS-Modus. Ferner den Langsamflugmodus, ebenfalls mit GPS und -falls vorhanden- mit Sensorenunterstützung. Weiterhin gibt es den so genannten Sportmodus. Bei letzterem ist die Sensorik deaktiviert und die Drohne fliegt Full Speed. Vorsichtig! Zu Guter Letzt gibt es den ATTI-Mode (Attitude Modus). Dieser ist bei DJI über die Flugapp wählbar. Bei diesem Modus sind sämtliche Sensoren und Hilfsmodule deaktiviert oder laufen im Hintergrund inaktiv, insofern auch das GPS Modul. Das bedeutet für Sie, dass die Höhe lediglich durch die barometrische Luftdruckmessung gehalten wird. In diesem Modus steht die Drohne nicht mehr stramm auf der Stelle sondern wandert ab. Dies ist der schwierigste Flugmodus, den Sie zu Anfang nicht aktivieren sollten, es muss in diesem Modus ständig manuell nachkorrigiert werden.

Nutzen Sie all diese Modi nacheinander und mit Gefühl, um Ihre Drohne stabil zu halten und sich mit der Steuerung vertraut zu machen. Mein Fluglehrer beim ProFlyCenter sagte, wer im ATTI Modus fliegen kann oder lernt, wird meist ein guter Drohnenpilot ☺

3. Sichtkontakt aufrechterhalten: Halten Sie Ihre Drohne immer in Sichtweite und fliegen Sie nicht zu weit entfernt. Ein klarer Sichtkontakt hilft Ihnen, die Orientierung beizubehalten und eventuelle Hindernisse rechtzeitig zu erkennen.

4. Ruhe bewahren: Bleiben Sie ruhig und konzentriert, besonders in anspruchsvollen Situationen. Vermeiden Sie hektische Bewegungen oder plötzliche Richtungsänderungen, um das Risiko von Kollisionen zu minimieren.

5. Flug in ruhigem Wetter: Beginnen Sie das Fliegen bei ruhigem Wetter mit wenig Wind. Windböen können die Stabilität Ihrer Drohne beeinträchtigen und das Fliegen schwieriger machen.

6. Kontrollen beherrschen: Üben Sie das präzise Steuern Ihrer Drohne. Verstehen Sie, wie die Steuerelemente für Höhe, Richtung und Drehung funktionieren, um reibungslose Flugmanöver auszuführen.

7. Weiche Bewegungen: Führen Sie Bewegungen und Manöver sanft und gleichmäßig aus, um ein stabiles Flugverhalten zu gewährleisten. Vermeiden Sie ruckartige oder abrupte Bewegungen.

8. Höhe im Auge behalten: Achten Sie darauf, wie hoch Ihre Drohne fliegt. Halten Sie sich an die geltenden Höhenbeschränkungen und vermeiden Sie es, zu nah an Hindernissen oder Gebäuden zu fliegen.

9. Flugroute planen: Bevor Sie abheben, überlegen Sie, welche Route Sie fliegen möchten, um interessante Perspektiven und Aufnahmen zu erzielen. Planen Sie Ihre Flugbewegungen im Voraus.

10. Landung üben: Die Landung ist genauso wichtig wie der Start. Üben Sie das präzise Absetzen der Drohne und verwenden Sie sanfte Bewegungen, um eine reibungslose Landung zu gewährleisten.

Um Ihre Drohne sauber zu halten und die Motoren möglichst durch Aufwirbelung staubfrei zu halten, empfehle ich Ihnen ein Landepad und später auch das Üben einer Handlandung für schwierige Orte.

11. Notfallverfahren kennen: Informieren Sie sich über die Notfallverfahren Ihrer Drohne, wie beispielsweise die automatische Rückkehrfunktion bei niedrigem Akkustand. Dies kann Ihnen helfen, unvorhergesehene Situationen zu bewältigen.

12. Übung macht den Meister: Setzen Sie sich regelmäßig hin und üben Sie verschiedene Flugmanöver und Techniken. Je mehr Sie üben, desto vertrauter werden Sie mit Ihrer Drohne und desto sicherer werden Ihre Flugfähigkeiten.
Das Erlernen des Drohnenfliegens erfordert Zeit und Engagement, aber mit einer bewussten Herangehensweise können Sie schnell Fortschritte machen. Durch das Befolgen dieser Tipps und das regelmäßige Üben können Sie Ihre Flugfähigkeiten verbessern und die Welt der Drohnen auf eine sichere und aufregende Weise erkunden. In den kommenden Abschnitten werden wir spezifische kreative Projekte und Techniken für Drohnenflieger einführen, um Ihnen bei der Umsetzung einzigartiger Fotografie- und Videoprojekte zu helfen.

13. Übungsmanöver für Anfänger:

a) *Kreisflüge:*
Üben Sie das Fliegen in gleichmäßigen Kreisen um einen festen Punkt. Dies hilft Ihnen, die Kontrolle über die Drehung und Richtung Ihrer Drohne zu verbessern.

b) *Figuren 8er Flüge:*
Fliegen Sie in Form einer Acht, indem Sie abwechselnd enge Kurven nach links und rechts ausführen. Dies fördert die Koordination zwischen den Steuerelementen.

c) *Fliegen in engen Räumen:*
Suchen Sie einen offenen Bereich mit Bäumen oder Pylonen und üben Sie das Fliegen in engen Kurven um diese Hindernisse herum. Dies hilft Ihnen, präzises Fliegen und Hindernisvermeidung zu üben.

d) *Auf- und Abstiege:*
Üben Sie das präzise Auf- und Absteigen in verschiedenen Höhen. Versuchen Sie, die Drohne gleichmäßig und stabil zu bewegen.

e) *Rückwärtsflug:*
Lernen Sie, rückwärts zu fliegen, indem Sie die Drohne in die entgegengesetzte Richtung steuern. Dies erfordert eine umgekehrte Denkweise und Koordination.

f) *Schweben auf engem Raum:*
Versuchen Sie, Ihre Drohne an einer festen Stelle schweben zu lassen, um Ihre Kontrollfähigkeiten zu verbessern. Dies ist besonders hilfreich, wenn Sie präzise Luftaufnahmen erstellen möchten.

g) Fliegen in niedriger Höhe:
Üben Sie das Fliegen in niedriger Höhe, um ein Gefühl für die Höhenkontrolle zu entwickeln. Achten Sie darauf, genügend Abstand zum Boden zu halten, um Kollisionen zu vermeiden.

h) Notlandungen simulieren:
Simulieren Sie in einem sicheren Bereich Notlandungen, indem Sie die Drohne kontrolliert auf den Boden bringen. Dies kann Ihnen helfen, im Falle eines niedrigen Akkustands sicher zu landen.

i) GPS-freier Flug:
Wenn Ihre Drohne über einen GPS-Modus verfügt, üben Sie nach ein wenig Übung auch das Fliegen ohne GPS-Unterstützung. Dies hilft Ihnen, Ihre manuellen Flugfähigkeiten zu schärfen (ATTI Modus, sofern vorhanden).

14. Visualisierung und Planung: Bevor Sie abheben, visualisieren Sie den Flugweg und die Manöver, die Sie ausführen möchten. Planen Sie Ihre Flugroute im Voraus und überlegen Sie, wie Sie Hindernisse umgehen werden. Analysieren Sie vorab Gefährdungen, unbeteiligte Passanten und die rechtlichen Bedingungen, das heißt ob eine Flugerlaubnis besteht oder nicht (Empfehlung-> Droniq App). Überprüfen Sie auch das Wetter und die Windstärke. Ab Windstärke 6 der Beaufortskala ist fliegen tabu!

15. Videoaufnahme während des Fluges: Wenn Ihre Drohne eine Kamera hat, üben Sie das gleichzeitige Fliegen und Aufnehmen von Videos oder Fotos. Dies erfordert Multitaskingfähigkeiten und Übung.

16. Nachtflug vermeiden: Vermeiden Sie es, bei Nacht oder in schlechten Lichtverhältnissen zu fliegen, insbesondere als Anfänger. Die Sichtbarkeit ist eingeschränkt und das Fliegen kann schwieriger sein (GPS funktioniert zwar, Hinderniserkennungssensoren aber nicht).

17. Flugprotokoll führen: Halten Sie ein Flugprotokoll, in dem Sie Ihre Flüge dokumentieren und Feedback zu Ihrer Leistung geben. Dies kann dazu beitragen, Ihre Fortschritte im Laufe der Zeit zu verfolgen.

18. Mentale Vorbereitung: Bevor Sie abheben, nehmen Sie sich einen Moment Zeit, um sich zu konzentrieren und sich auf den Flug vorzubereiten. Eine ruhige und fokussierte Einstellung hilft Ihnen, bessere Flugentscheidungen zu treffen.

Indem Sie diese Übungsmanöver schrittweise angehen und kontinuierlich üben, werden Sie sicherer und versierter im Umgang mit Ihrer Drohne. Nehmen Sie sich Zeit, um jede Übung zu meistern, bevor Sie zur nächsten übergehen. Die ständige Verbesserung Ihrer Flugfähigkeiten wird Ihnen nicht nur dabei helfen, sicherer zu fliegen, sondern auch die Grundlage für beeindruckende Luftaufnahmen und -videografie legen.
Die Menüeinstellungen sind während des Fluges sehr mühsam. Stellen Sie Ihre Menüs bitte vor dem Flug ein.
Befassen Sie sich gründlich vor dem allerersten Flug mit den Einstellungen in Ihrer Flugapp, damit Sie bestens vertraut damit sind. Im Nachhinein kann es zu spät sein wenn Sie falsche Einstellungen gewählt haben.

Kapitel 2.4 - Drohnenrennen und Wettbewerbe
Die aufregende Welt des Wettfliegens

Drohnenrennen und Wettbewerbe haben sich zu einer aufregenden und dynamischen Disziplin innerhalb der Drohnenkultur entwickelt. Diese Veranstaltungen bieten nicht nur Nervenkitzel und Unterhaltung, sondern sind auch eine Möglichkeit, Ihre Flugfähigkeiten zu testen, sich mit Gleichgesinnten zu messen und Ihre technischen Fertigkeiten zu verfeinern. In diesem umfassenden Kapitel werden wir uns detailliert mit den verschiedenen Aspekten von Drohnenrennen und Wettbewerben befassen.

Die Faszination von Drohnenrennen

Drohnenrennen sind eine moderne Variante des traditionellen Motorsports, bei der die Piloten ihre Geschicklichkeit und Reflexe einsetzen, um mit Hochgeschwindigkeits-Drohnen durch herausfordernde Parcours zu fliegen. Was Drohnenrennen so faszinierend macht, ist die Möglichkeit, aus der Sicht der Drohne zu fliegen - die First-Person-View (FPV). Mit speziellen FPV-Brillen oder Displays können Piloten die Welt aus der Perspektive ihrer Drohne erleben, als ob sie selbst im Cockpit säßen. Dies schafft eine unglaublich immersive Erfahrung und ermöglicht es den Piloten, ihre Flugfähigkeiten auf eine völlig neue Art zu nutzen. Es gibt einen unbeschreiblichen, ultimativen Kick.

Ausrüstung für Drohnenrennen

Um erfolgreich an Drohnenrennen teilzunehmen, benötigen Sie spezielle Ausrüstung, die auf hohe Geschwindigkeiten und anspruchsvolle Manöver ausgelegt ist. Hier sind die Hauptkomponenten, die Sie benötigen:

1. FPV-Drohne: Die FPV-Drohnen für Rennen sind leicht, wendig und leistungsstark. Sie sind so konstruiert, dass sie extreme Flugmanöver und schnelle Richtungsänderungen bewältigen können. Diese Drohnen sind oft mit Hochleistungs-Motoren, fortschrittlichen Flugkontrollsystemen und einem leichten Rahmen ausgestattet. In der Regel werden diese in der FPV-Szene selbst gebaut.

   Beispiele für direkt fliegbare und fertige Modelle: DJI FPV Racer oder DJI Avata.

2. FPV-Brille oder Display: Die FPV-Brille ist ein zentrales Element des Rennens, da sie dem Piloten ermöglicht, die Echtzeitbilder der Drohnenkamera zu sehen. Diese Brillen bieten eine beeindruckende 3D-Darstellung und ermöglichen es dem Piloten, das Rennen aus der Ich-Perspektive zu erleben.

   Beispiel: DJI Googles

3. Fernsteuerung: Eine spezielle Fernsteuerung mit präzisen Steuerelementen ist unerlässlich. Die Fernsteuerung ermöglicht es dem Piloten, die Drohne in hohen Geschwindigkeiten zu steuern und präzise Manöver auszuführen.

4. Mehrere Lipo-Akkus: Hochleistungs-Lipo-Akkus sind notwendig, um die nötige Energie für schnelle Flüge und anspruchsvolle Manöver zu liefern. Rennpiloten haben oft mehrere Akkus, um sicherzustellen, dass sie während eines Rennens genügend Energie haben.

5. Schutzbrille: Um Ihre Augen vor Blendung durch Sonnenlicht und Staub zu schützen, während Sie die FPV-Brille tragen, ist eine Schutzbrille eine wichtige Ergänzung. Ich persönlich verzichte jedoch darauf, um mir das Feeling nicht zu verderben.

Die Dynamik des Drohnenrennens

Drohnenrennen bieten eine atemberaubende Mischung aus Adrenalin, Geschicklichkeit und Strategie. Die Rennen finden oft auf speziell gestalteten Rennstrecken statt, die mit Toren, Hindernissen und Wendungen gespickt sind. Die Piloten müssen nicht nur ihre Drohnen durch enge Tore navigieren, sondern auch scharfe Kurven meistern, Hindernissen ausweichen und ihre Geschwindigkeit optimal steuern. Die Kombination aus visueller Echtzeitübertragung und intensiven Flugmanövern schafft eine einzigartige Erfahrung, die sowohl für Piloten als auch für Zuschauer mitreißend ist.

Die Vielfalt der Drohnenrennen

Drohnenrennen haben verschiedene Formate und Veranstaltungstypen entwickelt, die von lokalen Treffpunkten bis hin zu internationalen Meisterschaften reichen. Hier sind einige der häufigsten Arten von Drohnenrennen:

1. FPV-Rennstrecken: Dies sind spezielle Strecken, die mit Toren, Hindernissen und herausfordernden Elementen gestaltet sind. Piloten treten gegeneinander an, um die schnellste Rundenzeit zu erzielen.

2. Freestyle-Rennen: Bei Freestyle-Rennen können Piloten ihre Kreativität zeigen und beeindruckende Tricks und Manöver in der Luft vorführen. Hierbei geht es weniger um Geschwindigkeit und mehr um künstlerische Darbietungen.

3. Long-Range-Rennen: Diese Rennen fordern die Piloten heraus, ihre Drohnen über lange Strecken zu fliegen und

bestimmte Punkte zu erreichen. Dies erfordert strategisches Denken und die Fähigkeit, die Drohne über große Entfernungen zu steuern.

4. Team-Rennen: Bei Team-Rennen arbeiten Piloten in Gruppen zusammen, um bestimmte Aufgaben oder Rennen zu bewältigen. Die Teamarbeit und Koordination sind hier entscheidend.

Tipps für angehende Drohnenrennpiloten

Wenn Sie daran interessiert sind, in die Welt der Drohnenrennen einzutauchen, sollten Sie einige wichtige Ratschläge beachten:

1. Ausrüstung kennen: Lernen Sie Ihre Drohne und Ihre Ausrüstung in- und auswendig kennen. Verstehen Sie, wie jede Komponente funktioniert und wie Sie im Notfall schnell reagieren können.

2. Übung und Training: Üben Sie regelmäßig auf unterschiedlichen Strecken, um Ihre Flugfähigkeiten zu schärfen und verschiedene Manöver zu beherrschen.

3. Lernen von Erfahrenen: Treten Sie der Drohnenrenn-Community bei und tauschen Sie sich mit erfahrenen Piloten aus. Nehmen Sie an Trainingsveranstaltungen teil und lassen Sie sich von deren Fachkenntnis inspirieren.

4. Sicherheit geht vor: Beachten Sie immer die Sicherheitsregeln und Vorschriften während der Rennen. Respektieren Sie die Richtlinien, um Unfälle zu vermeiden.

5. Verstehen Sie die Strecke: Studieren Sie die Rennstrecke gründlich, um die besten Linien und Strategien zu

---

entwickeln. Dies kann Ihnen einen wertvollen Vorteil verschaffen.

6. Konzentration und Ruhe: Bleiben Sie ruhig und konzentriert, auch während der Hitze des Wettbewerbs und im Eifer des Gefechts. Eine klare Denkweise hilft Ihnen dabei, die besten Entscheidungen zu treffen.

7. Einstieg in die Rennen: Beginnen Sie mit kleineren, lokalen Veranstaltungen, um Erfahrungen zu sammeln und sich in die Welt der Drohnenrennen einzuführen.

Drohnenrennen sind nicht nur ein aufregender Wettbewerb, sondern auch eine Gelegenheit, Teil einer engagierten Gemeinschaft von Piloten zu werden, die ihre Leidenschaft für Technologie, Fliegen und Geschwindigkeit teilen. Durch die Teilnahme an Rennen können Sie Ihre Flugfähigkeiten auf die nächste Stufe heben und gleichzeitig die Kameradschaft und den Wettbewerbsgeist dieser einzigartigen Sportart erleben.

Kapitel -3-

Kreative Anwendung von Drohnen in der Freizeit

Drohnen sind nicht nur Werkzeuge für Luftaufnahmen, sondern auch kreative Instrumente, die Ihnen die Möglichkeit bieten, einzigartige Perspektiven einzufangen und Ihre kreativen Fähigkeiten in der Luft auszuleben. In diesem Kapitel werden wir verschiedene kreative Anwendungen von Drohnen in der Freizeit erkunden, von Luftfotografie bis hin zu künstlerischen Projekten, die Ihre Vorstellungskraft beflügeln werden.

Kapitel 3.1 - Private Anwendung von Drohnen

Drohnen haben das Potenzial, das tägliche Leben auf vielfältige Weise zu bereichern. In diesem Kapitel werden wir uns mit verschiedenen privaten Anwendungen von Drohnen befassen, die Ihnen dabei helfen können, Ihren Alltag zu verbessern, Aufgaben zu erleichtern und einzigartige Erfahrungen zu schaffen.

Gartenpflege und Inspektion

Drohnen können Ihnen bei der Pflege und Überwachung Ihres Gartens helfen. Nutzen Sie die Drohne, um den Zustand Ihrer Pflanzen aus der Luft zu überprüfen, Bewässerungsbedarf zu ermitteln und mögliche Probleme wie Schädlingsbefall frühzeitig zu erkennen.

Immobilienbesichtigungen

Bevor Sie eine Immobilie kaufen oder verkaufen, können Drohnen dabei helfen, umfassende Aufnahmen der Immobilie aus verschiedenen Blickwinkeln zu erstellen. Dies ermöglicht potenziellen Käufern oder Mietern, einen realistischen Eindruck von der Immobilie zu gewinnen, ohne physisch vor Ort sein zu müssen.

Überwachung und Sicherheit

Drohnen können als zusätzliches Sicherheitstool dienen, um Ihr Grundstück zu überwachen. Sie können regelmäßige Luftaufnahmen durchführen und Sie über potenzielle Sicherheitsbedrohungen informieren.

Suche nach verlorenen Gegenständen

Wenn Sie einen Gegenstand verloren haben, kann eine Drohne Ihnen helfen, ihn aus der Luft zu suchen und zu lokalisieren, insbesondere in schwer zugänglichen Bereichen.

Tierbeobachtung

Erleben Sie die Tierwelt aus der Vogelperspektive, indem Sie Drohnen verwenden, um Wildtiere zu beobachten und zu fotografieren, ohne sie zu stören.

Lieferung kleiner Gegenstände

Einige Drohnenmodelle bieten die Möglichkeit, kleine Gegenstände zu transportieren. Nutzen Sie diese Funktion, um zum Beispiel Briefe, kleine Pakete oder sogar Snacks an Freunde oder Familienmitglieder zu liefern.

Sport- und Freizeitaktivitäten

Erfassen Sie besondere Momente bei Sportveranstaltungen, Outdoor-Aktivitäten oder Veranstaltungen mit Freunden und Familie aus beeindruckenden Luftaufnahmen.

Ferien- und Reiseerinnerungen

Nutzen Sie Drohnen, um beeindruckende Urlaubserinnerungen festzuhalten und einzigartige Reisevideos zu erstellen, die die Schönheit und Vielfalt der besuchten Orte einfangen.

Kreatives Ausdrucksmittel

Nutzen Sie Drohnen als kreatives Ausdrucksmittel, um Kunstprojekte zu verwirklichen, Fotografieideen umzusetzen oder sogar Luftaufnahmen für persönliche kreative Projekte zu erstellen. Die private Anwendung von Drohnen bietet eine breite Palette von Möglichkeiten, um Ihren Alltag zu verbessern und einzigartige Erlebnisse zu schaffen. Indem Sie Drohnen in verschiedenen Aspekten Ihres Lebens integrieren, können Sie die Welt aus einer neuen Perspektive erleben und innovative Lösungen für alltägliche Herausforderungen finden. Nachfolgend werden wir spezifische Projektideen und Techniken vorstellen, die Ihnen helfen werden, die Anwendung von Drohnen in vollen Zügen genießen zu können.

Kapitel 3.2 - Luftaufnahmen für Veranstaltungen und Feiern

Unvergessliche Momente aus der Luft festhalten

Drohnen bieten die Möglichkeit, Veranstaltungen und Feiern aus einer völlig neuen Perspektive festzuhalten und unvergessliche Erinnerungen zu schaffen. Nun werden wir uns mit der Nutzung von Drohnen für Luftaufnahmen bei verschiedenen Veranstaltungen und Feiern befassen, um die Schönheit und Atmosphäre dieser Momente einzufangen.

Alle Ideen und Vorschläge selbstverständlich nur bei Übereinstimmung mit den geltenden Gesetzen des jeweiligen Landes.

Hochzeiten

Nutzen Sie Drohnen, um atemberaubende Luftaufnahmen von Hochzeitsfeiern, Zeremonien und Empfängen zu erstellen. Erfassen Sie die Pracht der Hochzeitslocation, die Schönheit der Landschaft und die Freude der Gäste aus der Vogelperspektive.

Beachten Sie:
In Deutschland sind keine direkten Überflüge von Menschenmengen gestattet. Sie müssen die Gäste am besten zu beteiligten Personen machen (vorher über die Gefahren eines Absturzes und der Risiken informieren) und in seitlichem Abstand zu den Personen fliegen. Verwenden Sie den Cine/Langsamflugmodus von ihrer Drohne. Prüfen Sie vorher die Flugerlaubnis (Droniq-App und UAV Forecast für das Wetter). Diese Hinweise gelten auch für die nachfolgenden Szenarien.

Geburtstagsfeiern

Halten Sie besondere Geburtstagsfeiern mit Drohnen fest und erfassen Sie die glücklichen Gesichter der Gäste, die Dekorationen und die festliche Stimmung aus der Luft.

Familienzusammenkünfte

Erstellen Sie Luftaufnahmen von Familientreffen und Zusammenkünften, um die Verbindung zwischen Generationen und die Freude des Miteinanders zu dokumentieren.

Musik- und Kulturevents

Erfassen Sie die Energie und Atmosphäre von Musikfestivals, Konzerten und kulturellen Veranstaltungen, indem Sie Drohnen verwenden, um beeindruckende Aufnahmen von Menschenmengen, Bühnen und Aktivitäten zu erstellen.

Sportveranstaltungen

Halten Sie spannende Momente bei Sportveranstaltungen, Rennen oder Turnieren fest, indem Sie Drohnen verwenden, um die Dynamik der Aktion aus der Luft einzufangen.

Jubiläen und Jubelfeste

Nutzen Sie Drohnen, um Jubiläen, Erfolge und besondere Meilensteine in Ihrem Leben oder in der Gemeinschaft zu feiern und in Erinnerung zu behalten.

Sommerfeste und Veranstaltungen im Freien

Erfassen Sie die Freude von Sommerfesten, Straßenmärkten, Picknicks und anderen Veranstaltungen im Freien aus der Vogelperspektive.

Feuerwerke

Nutzen Sie Drohnen, um atemberaubende Aufnahmen von Feuerwerken zu erstellen, indem Sie die farbenfrohen Explosionen aus verschiedenen Winkeln einfangen. Lassen Sie sich dabei ihre Drohne aber nicht abschießen ☺

Andenken für besondere Anlässe

Erstellen Sie einzigartige Andenken und Erinnerungsstücke für besondere Anlässe und Veranstaltungen, die Sie und Ihre Gäste für immer schätzen werden.
Durch die Verwendung von Drohnen für Luftaufnahmen bei Veranstaltungen und Feiern können Sie die Magie dieser Momente auf völlig neue Weise einfangen. Die erweiterte Perspektive aus der Luft verleiht Ihren Aufnahmen eine zusätzliche Dimension und hilft dabei, die Emotionen, Atmosphäre und Bedeutung dieser Ereignisse festzuhalten. Nachfolgend werden wir uns Techniken & Tipps für die Nutzung von Drohnen im Bereich des Immobilienmarktes widmen.

Kapitel 3.3 - Drohnen für den Immobilienmarkt
Virtuelle Touren und Inspektionen

Drohnen haben den Immobilienmarkt revolutioniert, indem sie innovative Möglichkeiten bieten, Immobilien zu präsentieren und zu inspizieren. In diesem Kapitel werden wir uns mit der Nutzung von Drohnen für den Immobilienmarkt befassen, insbesondere mit virtuellen Touren und Inspektionen aus der Luft.

Virtuelle Immobilientouren

Drohnen ermöglichen es, fesselnde virtuelle Touren von Immobilien zu erstellen. Potenzielle Käufer können sich von der Bequemlichkeit ihres Bildschirms aus durch die Immobilie bewegen und einen realistischen Eindruck von Räumen, Layout und Umgebung gewinnen.

Luftaufnahmen von Immobilien

Nutzen Sie Drohnen, um eindrucksvolle Luftaufnahmen von Immobilien zu erstellen, die die Größe des Grundstücks, die Lage in der Umgebung und die landschaftliche Schönheit betonen.

Inspektion schwer erreichbarer Bereiche

Drohnen können verwendet werden, um schwer erreichbare oder gefährliche Bereiche einer Immobilie zu inspizieren, wie zum Beispiel Dachrinnen, Dächer oder hohe Fassaden.

Baufortschrittsüberwachung

Halten Sie den Baufortschritt von Immobilienprojekten fest, indem Sie regelmäßige Drohnenflüge durchführen und hochauflösende Bilder und Videos für den Vergleich über die Zeit erstellen.

Vermarktung und Werbung

Verwenden Sie beeindruckende Luftaufnahmen und virtuelle Touren, um Immobilien effektiv zu vermarkten und potenzielle Käufer anzuziehen.

Immobiliengutachten

Drohnen können dazu verwendet werden, Immobiliengutachten zu erstellen, indem sie umfassende visuelle Informationen liefern, die bei der Bewertung von Eigenschaften helfen.

Kundenbindung und Service

Verbessern Sie den Kundenservice, indem Sie Ihren Kunden eine einzigartige und beeindruckende Präsentation ihrer Immobilien bieten.

Erstellung von Grundstücksplänen

Nutzen Sie Drohnen, um genaue Grundstückspläne und -grenzen zu erstellen, die für potenzielle Käufer und Investoren nützlich sind.

Architektonische Planung und Design

Drohnen bieten Architekten und Designern die Möglichkeit, eine Immobilie aus der Vogelperspektive zu betrachten und Ideen für Gestaltung und Planung zu entwickeln.

Die Verwendung von Drohnen im Immobilienmarkt eröffnet eine Vielzahl von Möglichkeiten, um Immobilien auf innovative und ansprechende Weise zu präsentieren und zu inspizieren. Virtuelle Touren und Luftaufnahmen aus der Drohnenperspektive schaffen einzigartige Einblicke, die es ermöglichen, die Vorzüge einer Immobilie herauszustellen und potenzielle Käufer und Investoren zu beeindrucken. In den folgenden Abschnitten werden wir spezifische Techniken und Strategien für den Einsatz von Drohnen im Immobilienmarkt genauer beleuchten.

Tipps für den Einsatz von Drohnen im Immobilienmarkt

Um Drohnen effektiv im Immobilienmarkt einzusetzen, sollten Sie einige bewährte Praktiken beachten:

Vorbereitung und Planung: Bevor Sie eine Drohne für Immobilienaufnahmen verwenden, planen Sie den Flug sorgfältig. Stellen Sie sicher, dass Sie die örtlichen Gesetze und Vorschriften für Drohnenflüge kennen und die erforderlichen Genehmigungen eingeholt haben.

1. **Zeit und Wetter**
   Wählen Sie für Ihre Aufnahmen den richtigen Zeitpunkt aus. Das optimale Licht während des Tages kann die Immobilie ins beste Licht rücken. Vermeiden Sie windige oder regnerische Tage, um stabile Flugbedingungen zu gewährleisten.

2. **Sicherheit und Privatsphäre**
   Respektieren Sie die Privatsphäre der Bewohner und Nachbarn. Fliegen Sie nicht zu nah an Gebäuden oder

Menschen und vermeiden Sie es, sensible Bereiche zu filmen.

3. **Verschiedene Perspektiven**
Nutzen Sie die Vielseitigkeit von Drohnen, um verschiedene Blickwinkel und Höhen zu erfassen. Erstellen Sie sowohl Nah- als auch Fernaufnahmen, um die Immobilie in ihrem Kontext zu zeigen.

4. **Stabilität und Präzision**
Achten Sie darauf, die Drohne stabil zu fliegen und präzise Aufnahmen zu erstellen. Verwenden Sie gegebenenfalls Stabilisierungstechniken oder Drohnenfunktionen wie den "Tripod-Modus/Cine-Modus/Langsamflugmodus" für langsamere Bewegungen.

5. **Bewegung und Fluss**
Erstellen Sie flüssige und organische Bewegungen in Ihren Aufnahmen. Übergänge zwischen verschiedenen Räumen oder Bereichen der Immobilie sollten natürlich und einladend wirken.

6. **Blick auf Umgebung und Nachbarschaft**
Nutzen Sie Drohnen, um nicht nur die Immobilie selbst, sondern auch die Umgebung und Nachbarschaft einzufangen. Zeigen Sie nahegelegene Parks, Geschäfte oder Sehenswürdigkeiten.

7. **Postproduktion**
Bearbeiten Sie Ihre Aufnahmen, um die besten Ergebnisse zu erzielen. Dies kann das Anpassen von Farben, Kontrasten und Belichtung, das Hinzufügen von Text oder Markierungen und das Erstellen von Panoramaaufnahmen umfassen.

8. **Kundennutzen**
Stellen Sie sicher, dass Ihre Aufnahmen den Bedürfnissen und Wünschen Ihrer Kunden entsprechen. Verwenden Sie

Drohnen, um ihre Anforderungen zu erfüllen und Immobilien auf eine Weise zu präsentieren, die ihre Aufmerksamkeit auf sich zieht.

Der Einsatz von Drohnen im Immobilienmarkt eröffnet eine Welt von Möglichkeiten, um Immobilien auf fesselnde und ansprechende Weise zu präsentieren. Durch die Kombination von Drohnenaufnahmen mit anderen Marketing- und Präsentationstechniken können Sie Immobilienkäufern ein umfassendes und beeindruckendes Bild bieten, das ihnen hilft, fundierte Entscheidungen zu treffen.

Auswahl der richtigen Drohne für Immobilienaufnahmen

Bei der Auswahl einer Drohne für Immobilienaufnahmen sollten Sie mehrere Faktoren berücksichtigen:

1. **Kameraqualität**
   Achten Sie auf die Kameraauflösung, Bildstabilisierung und die Fähigkeit zur Anpassung von Einstellungen wie Belichtung und Weißabgleich.

2. **Flugzeit und Akkulaufzeit**
   Wählen Sie eine Drohne mit ausreichender Flugzeit, um alle gewünschten Aufnahmen in einer Sitzung zu erstellen, ohne ständig den Akku wechseln zu müssen.

3. **GPS und Navigation**
   Eine präzise GPS-Funktion und intelligente Flugmodi sind hilfreich, um stabile und genaue Aufnahmen zu erstellen.

4. **Größe und Portabilität**
   Entscheiden Sie sich für eine Drohne, die leicht zu transportieren ist und keine sperrige Ausrüstung erfordert.

5. **Kollisionsvermeidung**
   Einige Drohnenmodelle verfügen über
   Hinderniserkennungssensoren, die Kollisionen vermeiden
   können und bei Immobilieninspektionen besonders
   nützlich sein können.

6. **Live-Übertragung**
   Die Möglichkeit, Live-Bilder von der Drohnenkamera auf
   ein mobiles Gerät zu übertragen, kann Ihnen helfen, die
   Aufnahmen in Echtzeit zu überwachen und anzupassen.
   Damit ist die Bildübertragung auf Smartphone oder
   Controller mit integriertem Display & Recheneinheit
   gemeint.

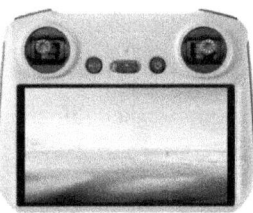

DJI RC Controller   DJI RC-N1 Controller

Rechtliche und behördliche Aspekte

Bevor Sie Drohnen im Immobilienmarkt einsetzen, ist es wichtig,
sich der rechtlichen und behördlichen Anforderungen bewusst zu
sein:

1. **Drohnenregistrierung**
   In vielen Ländern müssen Drohnen über einer bestimmten
   Gewichtsklasse registriert werden. Stellen Sie sicher, dass
   Ihre Drohne ordnungsgemäß registriert ist.

72

In Deutschland ist dies Pflicht bei Drohnen mit Kamera!

2. **Flugbeschränkungen**
   Informieren Sie sich über Flugbeschränkungen/GEO Zonen in Ihrer Region, insbesondere in der Nähe von Flughäfen, Menschenansammlungen oder sensiblen Bereichen wie z.B. Naturschutzgebiete.
   ➜ Droniq App oder alternativ Map2Fly

3. **Luftraumgenehmigungen**
   Bei gewerblicher Nutzung von Drohnen, wie zum Beispiel für den Immobilienmarkt, benötigen Sie möglicherweise eine Genehmigung von der Luftfahrtbehörde.

4. **Datenschutz**
   Respektieren Sie die Datenschutzbestimmungen und die Privatsphäre der Bewohner und Nachbarn bei der Durchführung von Drohnenflügen.

Marketing und Präsentation

Um das Potenzial von Drohnenaufnahmen im Immobilienmarkt voll auszuschöpfen, sollten Sie überlegen, wie Sie diese Aufnahmen effektiv vermarkten können:

1. **Professionelle Präsentation**
   Verwenden Sie hochwertige Drohnenaufnahmen, um Immobilienanzeigen aufzuwerten und potenzielle Käufer anzuziehen.

2. **Virtuelle Touren**
   Erstellen Sie fesselnde virtuelle Touren, die es Käufern ermöglichen, die Immobilie aus der Ferne zu erkunden.

3. **Soziale Medien**

Teilen Sie Drohnenvideos und -fotos auf Ihren Social-Media-Plattformen, um die Reichweite zu erhöhen und Interesse zu wecken.

4. **Website und Online-Präsenz**
   Integrieren Sie Drohnenaufnahmen in Ihre Website, um Ihr Portfolio zu präsentieren und potenzielle Kunden anzusprechen.

5. **Kundennutzen betonen**
   Zeigen Sie potenziellen Kunden die Vorteile von Drohnenaufnahmen und wie sie ihnen helfen können, fundierte Entscheidungen zu treffen.

Die Verwendung von Drohnen für virtuelle Touren und Inspektionen im Immobilienmarkt kann die Qualität Ihrer Präsentationen verbessern und Ihnen einen Wettbewerbsvorteil verschaffen. Durch die sorgfältige Planung, rechtliche Beachtung und kreative Vermarktung können Sie Drohnenaufnahmen erfolgreich nutzen, um Immobilien in ihrer besten Perspektive zu präsentieren und Ihre Dienstleistungen zu verbessern.

Tipps für erfolgreiche Immobiliendrohnenaufnahmen

Um herausragende Ergebnisse bei Immobiliendrohnenaufnahmen zu erzielen, beachten Sie die folgenden Ratschläge:

1. **Vorbereitung und Vorabbesichtigung**
   Machen Sie sich mit der Immobilie vertraut, bevor Sie den Flug durchführen. Identifizieren Sie die besten Winkel und Bereiche, die Sie erfassen möchten. Beseitigen Sie vorher bitte noch Hindernisse und die Dinge, die im Video nichts verloren haben.

2. **Batterie- und Ausrüstungsüberprüfung**
   Stellen Sie sicher, dass Ihre Drohne vollständig aufgeladen ist und über ausreichend Ersatzakkus verfügt. Überprüfen

---

Sie vor dem Flug bitte auch die Kameraeinstellungen und Stabilität.

3. **Flugstabilität**
   Achten Sie darauf, dass Sie die Drohne in ruhiger Umgebung fliegen, um Stabilität und klare Aufnahmen zu gewährleisten.

4. **Goldene Stunde nutzen**
   Planen Sie Ihre Flüge während der sogenannten "goldenen Stunde" bei Sonnenaufgang oder Sonnenuntergang, um warmes, weiches Licht zu erhalten.

5. **Einstellungen optimieren**
   Passen Sie Belichtung, Kontrast und Weißabgleich entsprechend den Lichtverhältnissen an, um beste Bildergebnisse zu erzielen.

6. **Bewegungen und Übergänge**
   Führen Sie Flüge und Bewegungen langsam und gleichmäßig durch, um stabile und flüssige Aufnahmen zu erstellen. Verwenden Sie sanfte Übergänge zwischen den Räumen.

7. **Hindernisse vermeiden**
   Achten Sie darauf, Hindernisse zu vermeiden und genügend Abstand zu Gebäuden und Bäumen zu halten, um Kollisionen zu verhindern.

8. **Perspektiven variieren**
   Experimentieren Sie mit verschiedenen Flughöhen, Blickwinkeln und Perspektiven, um die Immobilie aus verschiedenen Blickwinkeln zu präsentieren.

9. **Boden- und Luftaufnahmen kombinieren**
   Kombinieren Sie Drohnenaufnahmen mit Aufnahmen vom Boden, um eine umfassende Darstellung der Immobilie zu bieten.

—

10. **Bildstabilisierung**
Verwenden Sie gegebenenfalls Bildstabilisierungstechnologien in der Nachbearbeitung, um Unschärfen oder Vibrationen zu korrigieren.

Virtuelle Touren erstellen

Die Erstellung von virtuellen Touren erfordert sorgfältige Planung und Bearbeitung. Hier sind einige Schritte, um beeindruckende virtuelle Touren zu erstellen:

1. **Flugroute planen**
Legen Sie die Flugroute fest, die die Immobilie am besten präsentiert. Achten Sie darauf, alle Räume und interessanten Bereiche abzudecken.

2. **Aufnahmen erstellen**
Nehmen Sie systematisch Aufnahmen auf, während Sie die vorher festgelegte Flugroute abfliegen. Achten Sie darauf, genügend Überlappung für die spätere Bearbeitung zu haben.

3. **Bearbeitung**
Bearbeiten Sie die aufgenommenen Bilder oder Videos, um sie nahtlos in eine virtuelle Tour zu integrieren. Verwenden Sie eine spezialisierte Software, um die Tour zu erstellen und zu verknüpfen.

4. **Übergänge und Interaktionen**
Fügen Sie sanfte Übergänge zwischen den Räumen hinzu und ermöglichen Sie den Betrachtern, durch Klicken oder Wischen zwischen den verschiedenen Bereichen der Immobilie zu wechseln.

5. **Einfügen von Text und Informationen**
   Fügen Sie informative Texte, Beschriftungen oder Links hinzu, um den Betrachtern mehr Details über die Immobilie zu bieten.

6. **Testen und Optimieren**
   Testen Sie die virtuelle Tour auf verschiedenen Geräten, um sicherzustellen, dass sie reibungslos funktioniert und eine positive Benutzererfahrung bietet.

Die Erstellung von virtuellen Touren erfordert Geduld und Präzision, aber sie kann eine äußerst effektive Methode sein, um Immobilienkäufern eine immersive Erfahrung zu bieten und ihnen das Gefühl zu vermitteln, die Immobilie tatsächlich zu erkunden.

Die Nutzung von Drohnen im Immobilienmarkt bietet eine aufregende Möglichkeit, Immobilien auf innovative Weise zu präsentieren und zu inspizieren. Durch die Kombination von Drohnenaufnahmen mit virtuellen Touren und ansprechender Bearbeitung können Sie potenzielle Käufer beeindrucken und ihnen eine realistische Vorstellung von der Immobilie vermitteln. In den folgenden Kapiteln werden wir weitere kreative Anwendungsbereiche von Drohnen erkunden.

Kapitel 3.4 - Suche und Rettung mit Drohnen
Einsatzmöglichkeiten und Techniken

Drohnen haben sich auch als wertvolles Instrument bei Suche und Rettungseinsätzen erwiesen. In diesem Kapitel werden wir die vielfältigen Einsatzmöglichkeiten von Drohnen in Such- und Rettungsmissionen sowie die Techniken und Strategien für effektive Einsätze behandeln.

Vermisstensuche

Drohnen können verwendet werden, um große Gebiete schnell zu durchsuchen und vermisste Personen zu lokalisieren. Die Wärmebildtechnologie in einigen Drohnenmodellen kann dabei helfen, Personen in schwierigen Geländebedingungen aufzuspüren.

Naturkatastrophen und Unfälle

Drohnen können nach Naturkatastrophen oder Unfällen eingesetzt werden, um Schäden zu bewerten, betroffene Gebiete zu durchsuchen und Rettungskräften genaue Lageinformationen zu liefern.

Waldbrandüberwachung

Drohnen können zur Überwachung von Waldbränden eingesetzt werden, um die Ausbreitung des Feuers zu verfolgen, Rauchentwicklung zu bewerten und gefährdete Gebiete zu identifizieren.

Wasserrettung

Drohnen können zur Überwachung und Rettung von Personen in Gewässern eingesetzt werden, indem sie Schwimmer identifizieren, die Entfernung zum Ufer berechnen und Rettungsringe abwerfen können.

Suchen in unwegsamem Gelände

Drohnen können schwer zugängliche oder gefährliche Gebiete durchfliegen und so Suchtrupps genaue Informationen über die Lage von Vermissten liefern.

Kommunikation und Koordination

Drohnen können Kommunikationssysteme tragen, um die Kommunikation zwischen Suchtrupps oder Rettungskräften zu verbessern, insbesondere in Gebieten mit eingeschränkter Mobilfunkabdeckung.

Drohnen als fliegende Ersthelfer

Einige Drohnenmodelle können medizinische Lieferungen wie Defibrillatoren oder Medikamente transportieren, um in Notfällen schnelle Hilfe zu leisten.

Nacht- und Wärmebildtechnologie

Drohnen mit Nacht- oder Wärmebildtechnologie können auch bei Dunkelheit oder in unübersichtlichem Gelände eingesetzt werden, um Personen zu finden und zu retten.

Schulungen und Kooperation

Die Schulung von Rettungskräften im Umgang mit Drohnen und die Zusammenarbeit zwischen Drohnenpiloten und Rettungsteams sind entscheidend, um eine effektive Suche und Rettung durchzuführen. Der Einsatz von Drohnen in Such- und Rettungsmissionen kann lebensrettend sein und die Effizienz von Rettungseinsätzen erheblich verbessern. Die Fähigkeit von Drohnen, große Gebiete schnell und genau zu durchsuchen sowie genaue Lageinformationen bereitzustellen, ermöglicht es Rettungskräften, schneller und präziser zu handeln. In den folgenden Kapiteln werden wir uns auf weitere Anwendungsbereiche von Drohnen konzentrieren, einschließlich ihrer Nutzung in der Industrie und Wissenschaft.

Einsatz von Drohnen bei Polizei und Militär - Chancen und Kontroversen

Der Einsatz von Drohnen im Bereich von Polizei und Militär hat sowohl Chancen als auch Kontroversen aufgeworfen. Im entsprechenden Abschnitt werden wir die verschiedenen Anwendungsbereiche von Drohnen in diesen Bereichen erkunden und die damit verbundenen ethischen, rechtlichen und gesellschaftlichen Fragen diskutieren.

Überwachung und Aufklärung

Drohnen werden von Polizei und Militär zur Überwachung und Aufklärung eingesetzt, um kritische Informationen über Aktivitäten oder Gefahren in bestimmten Gebieten zu sammeln.

Suche und Rettung

Drohnen können bei der Suche nach vermissten Personen, Verdächtigen oder bei Naturkatastrophen eingesetzt werden, um Rettungseinsätze zu unterstützen.

Grenzüberwachung

Drohnen können dazu verwendet werden, Grenzen zu überwachen und den Schmuggel von Waren oder Menschen zu verhindern.

Anti-Terror-Einsätze

Drohnen können bei Anti-Terror-Einsätzen eingesetzt werden, um gefährliche Gebiete zu erkunden, potenzielle Bedrohungen zu identifizieren und gezielte Operationen durchzuführen.

Friedenssicherung

Drohnen können zur Überwachung von Konfliktzonen verwendet werden, um den Frieden zu sichern und Gewalttaten zu verhindern.

Ethik und Datenschutz

Der Einsatz von Drohnen in polizeilichen und militärischen Kontexten wirft Fragen bezüglich der Privatsphäre, des Datenschutzes und der potenziellen Missbrauchsrisiken auf.

Rechtliche Rahmenbedingungen

Der Einsatz von Drohnen durch Polizei und Militär unterliegt spezifischen rechtlichen Bestimmungen und kann je nach Land und Kontext unterschiedlich geregelt sein.

Gesellschaftliche Akzeptanz

Der Einsatz von Drohnen bei Polizei und Militär wird kontrovers diskutiert, und es gibt verschiedene Meinungen über die Notwendigkeit, den Nutzen und die möglichen Gefahren.

Technologische Weiterentwicklung

Die technologische Weiterentwicklung von Drohnen bringt ständig neue Möglichkeiten und Herausforderungen für Polizei und Militär mit sich.
Der Einsatz von Drohnen bei Polizei und Militär hat zweifellos das Potenzial, effektive Lösungen für verschiedene Aufgabenstellungen zu bieten. Allerdings müssen ethische, rechtliche und gesellschaftliche Aspekte sorgfältig abgewogen werden, um sicherzustellen, dass der Einsatz von Drohnen in diesen Bereichen angemessen und verantwortungsbewusst erfolgt. Die Entscheidung über den Einsatz von Drohnen bei Polizei und Militär wirft wichtige Fragen auf und erfordert eine ausgewogene Betrachtung der verschiedenen Interessen und Auswirkungen.

Fotografie aus der Vogelperspektive – Meisterwerke mit Drohnen

Der Einsatz von Drohnen im Bereich von Polizei und Militär hat sowohl Chancen als auch Kontroversen aufgeworfen. In diesem Kapitel werden wir die verschiedenen Anwendungsbereiche von Drohnen in diesen Bereichen beäugen und die damit verbundenen ethischen, rechtlichen und gesellschaftlichen Thematiken diskutieren.

Kapitel 4.1 - Kreative Fotografie mit Drohnen
Erkunden Sie neue Horizonte

Die Welt der Drohnenfotografie ist eine lebendige Quelle der Kreativität, die Fotografen erlaubt, mit unkonventionellen Ansätzen und Techniken atemberaubende visuelle Kunstwerke zu schaffen. Tauchen wir tiefer in die verschiedenen Aspekte der kreativen Fotografie mit Drohnen ein und entdecken Sie, wie Sie Ihre Fähigkeiten nutzen können, um Bilder zu kreieren, die nicht nur beeindrucken, sondern auch Emotionen wecken und Geschichten erzählen.

Experimentieren mit Blickwinkeln und Perspektiven

Die Drohnenperspektive eröffnet Ihnen eine ganze Welt von neuen Blickwinkeln und Perspektiven. Fliegen Sie hoch über den Wolken oder knapp über dem Boden, um unterschiedliche Atmosphären einzufangen. Erforschen Sie vertikale, diagonale und horizontale Linien, um eine visuelle Dynamik zu erzeugen, die das Auge des Betrachters leitet.

Spielen mit Symmetrie und Mustern

Die Vogelperspektive erlaubt es Ihnen, die Welt in geometrische Formen und Muster zu verwandeln. Experimentieren Sie mit der Platzierung von Mustern im Rahmen, um ein fesselndes visuelles Rätsel zu schaffen. Nutzen Sie Spiegelungen in Wasser oder Glas, um faszinierende visuelle Effekte zu erzielen.

Hervorhebung von Kontrasten und Texturen

Die Vielfalt der Texturen und Farben aus der Luft bietet eine reiche Palette für kreative Ausdrucksformen. Kontrastreiche Elemente wie Sand und Wasser, Stadt und Natur, oder Licht und Schatten können eine faszinierende Spannung im Bild erzeugen. Vergrößern Sie Details, um die feinen Texturen von Oberflächen zu betonen und die Tiefe Ihrer Bilder zu verstärken.

Schaffen von Bewegung und Dynamik

Drohnen ermöglichen es Ihnen, Bewegungen auf eine einzigartige Weise einzufangen. Experimentieren Sie mit langen Belichtungszeiten, um Fluss und Veränderung in der Szene zu erfassen. Erstellen Sie dramatische Schwenks oder Flugbahnen, um die kinetische Energie einer Szene einzufangen und eine visuelle Reise für den Betrachter zu schaffen.

Einbeziehung des Menschen

Menschen in Ihre Drohnenbilder einzubeziehen, verleiht der Szene eine menschliche Dimension und ermöglicht es, Geschichten zu erzählen. Nutzen Sie Personen als visuelle Ankerpunkte, um die Skala der Umgebung zu verdeutlichen. Erfassen Sie den Moment der Interaktion zwischen Mensch und Umwelt, um emotionale Verbindungen herzustellen und den Betrachter in die Szene einzubeziehen.

Emotionen und Atmosphäre einfangen

Die Drohnenfotografie bietet die Möglichkeit, Emotionen und Atmosphäre auf eine einzigartige Weise einzufangen. Nutzen Sie die unterschiedlichen Lichtverhältnisse und Wetterbedingungen, um Stimmungen zu erzeugen. Spielen Sie mit Kontrasten von Licht und Schatten, um dramatische und atmosphärische Bilder zu schaffen, die eine tiefe emotionale Resonanz hervorrufen.

Kreative Bildkomposition

Die Prinzipien der Bildkomposition gelten auch in der Drohnenfotografie. Nutzen Sie die Regel der Drittel, um interessante visuelle Spannungen zu erzeugen. Platzieren Sie Hauptelemente entlang von Linien oder nutzen Sie natürliche Rahmen, um die Aufmerksamkeit auf Ihr Motiv zu lenken. Experimentieren Sie mit ungewöhnlichen Bildausschnitten, um eine dynamische Bildgestaltung zu erreichen.

Lichtmalerei und Langzeitbelichtung aus der Luft

Die Drohnenfotografie eröffnet neue Möglichkeiten für faszinierende Lichtmalerei und Langzeitbelichtung. Nutzen Sie die Bewegung der Drohne, um lebendige Lichtspuren in der Dunkelheit zu erzeugen. Experimentieren Sie mit verschiedenen Belichtungszeiten und Lichtquellen, um abstrakte Kunstwerke zu schaffen, die die Magie der Nacht einfangen.

Storytelling durch Bilder

Die Vogelperspektive erlaubt es Ihnen, Geschichten auf eine visuell ansprechende Art und Weise zu erzählen. Planen Sie Ihre Aufnahmen so, dass sie den

Verlauf einer Geschichte einfangen oder einen emotionalen Moment festhalten. Nutzen Sie visuelle Elemente, um den Betrachter auf eine Reise durch Ihre Bilder mitzunehmen und eine tiefere Verbindung herzustellen.

Die kreative Fotografie mit Drohnen erfordert nicht nur technisches Geschick, sondern auch eine Portion Neugierde und Experimentierfreude. Indem Sie die Möglichkeiten der Drohnenfotografie erkunden und Ihre künstlerische Vision ausdrücken, können Sie Bilder von faszinierender Schönheit und Ausdruckskraft erschaffen, die die Grenzen der konventionellen Fotografie sprengen.

Luftbildpanoramen - Die Weite des Horizonts einfangen

Luftbildpanoramen sind eine beeindruckende Möglichkeit, die atemberaubende Weite und Schönheit der Landschaft aus der Vogelperspektive festzuhalten. In diesem Abschnitt werden wir uns mit der Kunst der Erstellung von Luftbildpanoramen befassen und wie Sie diese Technik nutzen können, um beeindruckende und immersive Bilder zu schaffen.

Luftbildpanorama - Schritt-für-Schritt-Anleitung

- Planung und Standortwahl: Wählen Sie einen Standort, der eine beeindruckende Aussicht bietet, und achten Sie auf eine klare Sicht und günstige Lichtverhältnisse.

- Flugroute festlegen: Planen Sie eine gleichmäßige Flugroute, um alle erforderlichen Aufnahmen für das Panorama zu erfassen. Achten Sie auf eine ausreichende Überlappung zwischen den Bildern.

- Kameraeinstellungen: Stellen Sie Ihre Kamera auf manuellen Modus ein, um eine konsistente Belichtung über alle Aufnahmen hinweg zu gewährleisten. Verwenden Sie eine feste Belichtungszeit, Blende und ISO-Einstellung.

- Aufnahmen machen: Fliegen Sie entlang der geplanten Flugroute und nehmen Sie Bilder in aufeinanderfolgenden Schritten auf. Achten Sie darauf, die Kamera während des Fluges stabil zu halten, um Verwacklungen zu vermeiden.
- Bildbearbeitung: Übertragen Sie die Bilder auf Ihren Computer und verwenden Sie eine spezialisierte Software für Panorama-Stitching. Stellen Sie sicher, dass die Bilder gut ausgerichtet sind und eine nahtlose Verbindung zwischen den Aufnahmen hergestellt wird.

- Feinabstimmung: Nach dem Stitching können Sie die Tonwerte, Farben und Kontraste anpassen, um das Panorama zum Leben zu erwecken. Achten Sie darauf, dass der Übergang zwischen den Bildern natürlich wirkt.

- Export und Präsentation: Speichern Sie das fertige Panorama in hoher Auflösung und teilen Sie es online oder drucken Sie es aus, um die beeindruckende Landschaft aus der Vogelperspektive zu präsentieren.

Langzeitbelichtung und Lichtmalerei aus der Luft - Magie der Nacht einfangen

Die Kombination von Drohnen und Langzeitbelichtung ermöglicht es Ihnen, die faszinierende Magie der Nacht einzufangen. Hier erfahren Sie, wie Sie beeindruckende Langzeitbelichtungsaufnahmen aus der Luft erstellen können, um die Lichter der Stadt, Sterne oder sich bewegende Lichtquellen zu erfassen.

Vorbereitung und Ausrüstung

- Wählen Sie eine klare Nacht mit minimalem Lichtverschmutzung für optimale Ergebnisse.

- Verwenden Sie eine Drohne mit einer stabilen Kameraaufhängung, um Verwacklungen zu minimieren.

- Bringen Sie eine Taschenlampe mit, um gezielte Lichteffekte zu erzeugen.

Einstellungen für Langzeitbelichtung

- Stellen Sie Ihre Kamera auf den manuellen Modus ein.

- Verwenden Sie eine niedrige ISO-Einstellung, um Rauschen zu minimieren.

- Wählen Sie eine lange Belichtungszeit, um die Bewegung von Lichtquellen einzufangen (z. B. 10-30 Sekunden).

Tipps für Lichtmalerei

- Wählen Sie einen dunklen Ort mit minimalen Lichtern, um die Lichteffekte deutlicher hervorzuheben.

- Verwenden Sie die Taschenlampe, um Formen, Muster oder Schriftzüge in die Luft zu malen.

- Experimentieren Sie mit verschiedenen Farben und Bewegungsmustern, um einzigartige Lichteffekte zu erzeugen.

Bearbeitung von Langzeitbelichtungsbildern

- Übertragen Sie die Bilder auf Ihren Computer und öffnen Sie sie in einer Bildbearbeitungssoftware.

- Korrigieren Sie eventuell auftretende Farbstiche oder Belichtungsprobleme.

- Betonen Sie die Lichteffekte und erhöhen Sie den Kontrast, um die visuelle Wirkung zu verstärken.

Langzeitbelichtung und Lichtmalerei aus der Luft bieten Ihnen die Möglichkeit, die nächtliche Umgebung auf völlig neue Weise zu erfassen und faszinierende visuelle Effekte zu erzeugen. Durch die Kombination von Technik, Kreativität und Geduld können Sie Bilder erstellen, die die Magie und die Geheimnisse der Nacht einfangen und den Betrachter in eine andere Welt entführen.

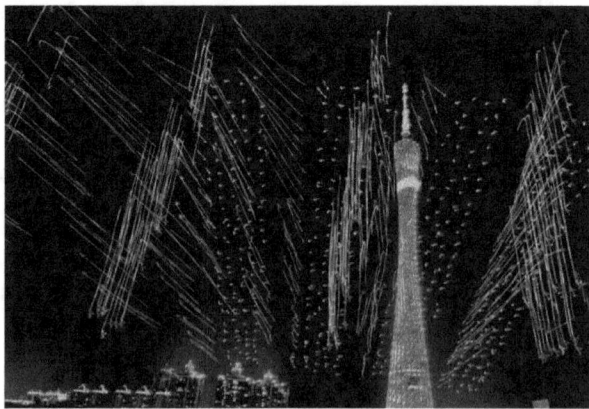

Lichtmalerei mit Drohnen

Experimente mit Farbfiltern und Infrarotfotografie - Jenseits des Sichtbaren

Die Verwendung von Farbfiltern und Infrarotfotografie eröffnet Ihnen die Möglichkeit, die Welt aus einer anderen Perspektive zu sehen und visuell faszinierende Effekte zu erzeugen. In diesem Abschnitt werden wir uns mit experimentellen Techniken befassen, um unkonventionelle und künstlerische Drohnenbilder zu erstellen.

Verwendung von Farbfiltern

- Experimentieren Sie mit verschiedenen Farbfiltern, um die Stimmung und Atmosphäre Ihrer Aufnahmen zu verändern.

- Verwenden Sie Filter, um den Kontrast zu erhöhen oder bestimmte Farben zu verstärken.

- Spielen Sie mit Monochrom-Effekten, um eine zeitlose und künstlerische Ästhetik zu erreichen.

Infrarotfotografie aus der Luft

- Nutzen Sie Infrarotfilter, um Licht außerhalb des sichtbaren Spektrums einzufangen.

- Erstellen Sie surreale Landschaften, in denen Pflanzen und Landschaften in ungewöhnlichen Farbtönen erscheinen.

- Experimentieren Sie mit Kontrasten und Texturen, um eine unverwechselbare Ästhetik zu erzeugen.

Die Verwendung von Farbfiltern und Infrarotfotografie eröffnet eine Welt der kreativen Möglichkeiten, die jenseits dessen liegt, was das menschliche Auge normalerweise wahrnimmt. Durch Experimentieren mit Farben, Kontrasten und Licht können Sie einzigartige und faszinierende Bilder erstellen, die den Betrachter in eine surreale und poetische Welt entführen.

Die künstlerische Seite der Drohnenfotografie - Individualität und Selbstausdruck

Die künstlerische Seite der Drohnenfotografie ermöglicht es Ihnen, Ihre individuelle Persönlichkeit und kreative Vision zum Ausdruck zu bringen. In diesem Abschnitt werden wir uns mit der Bedeutung von Selbstausdruck und Individualität in der Drohnenfotografie auseinandersetzen und wie Sie Ihre einzigartige Stimme in Ihren Bildern finden können.

Finden Sie Ihre kreative Stimme

- Erkunden Sie verschiedene Stile und Techniken, um herauszufinden, was am besten zu Ihrer Persönlichkeit passt.

- Lassen Sie sich von anderen Fotografen inspirieren, aber entwickeln Sie Ihren eigenen Ansatz und Ihre eigene Ästhetik.

Persönliche Projekte und Themen

- Wählen Sie persönliche Projekte oder Themen, die Sie besonders interessieren und die eine emotionale Bedeutung für Sie haben.

- Nutzen Sie die Drohnenperspektive, um Ihre persönliche Sichtweise auf die Welt zu präsentieren.

Experimente und Risikobereitschaft

- Scheuen Sie sich nicht vor Experimenten und kreativen Risiken, um neue Wege zu erkunden und Ihren Horizont zu erweitern.

- Fehler können zu unerwarteten und faszinierenden Ergebnissen führen, die Ihre Kreativität fördern.

Kommunikation durch Bilder

- Denken Sie darüber nach, welche Botschaft oder Emotion Sie durch Ihre Bilder vermitteln möchten.

- Nutzen Sie visuelle Elemente, um Geschichten zu erzählen und den Betrachter auf eine emotionale Reise mitzunehmen.

Die künstlerische Seite der Drohnenfotografie ist eine Einladung zur Selbstentfaltung und Selbstentdeckung. Indem Sie Ihre kreative Stimme finden und sich auf persönliche Projekte einlassen, können Sie Bilder erstellen, die nicht nur technisch beeindrucken, sondern auch Ihre einzigartige Persönlichkeit und Sichtweise auf die Welt widerspiegeln.

Rechtliche und ethische Aspekte der kreativen Drohnenfotografie

Bei aller Kreativität und Begeisterung für die Drohnenfotografie ist es wichtig, die rechtlichen und ethischen Aspekte zu beachten. In diesem Abschnitt werden wir uns mit den Regeln und Verantwortlichkeiten befassen, die mit der kreativen Drohnenfotografie einhergehen.

Kenntnis der lokalen Gesetze

- Informieren Sie sich über die aktuellen Gesetze und Vorschriften für den Drohnenbetrieb in Ihrer Region.

- Achten Sie darauf, Flugverbotszonen, Höhenbeschränkungen und andere regulierte Bereiche zu respektieren.

Schutz der Privatsphäre

- Vermeiden Sie es, unbefugt in die Privatsphäre anderer Menschen einzudringen.

- Respektieren Sie die Privatsphäre von Einzelpersonen, Wohngebieten und sensiblen Bereichen.

  Kein Überflug von Wohngebieten ohne Zustimmung des Eigentümers, kein Überflug von Menschenmengen und Versammlungen.

Umweltauswirkungen

- Fliegen Sie verantwortungsbewusst und achten Sie darauf, keine Tiere oder empfindliche Ökosysteme zu stören.

- Nehmen Sie Ihren Müll mit und hinterlassen Sie keine Spuren.

Sicherheit an erster Stelle

- Achten Sie darauf, die Sicherheit von Menschen, Eigentum und der Drohne selbst zu gewährleisten.

- Vermeiden Sie riskantes Fliegen in der Nähe von Menschenmengen oder gefährlichen Umgebungen.

Bewusste Bildbearbeitung

- Praktizieren Sie ethische Bildbearbeitung und vermeiden Sie übermäßige Manipulation, die die Realität verfälschen könnte.

- Kennzeichnen Sie bearbeitete Bilder, wenn Sie sie veröffentlichen, um Transparenz zu gewährleisten.

Die kreative Drohnenfotografie ist nicht nur eine Frage des technischen Könnens und der ästhetischen Gestaltung, sondern auch der Verantwortung und des Respekts. Durch die Einhaltung der rechtlichen und ethischen Richtlinien können Sie Ihre kreative Leidenschaft ausleben und gleichzeitig die Sicherheit und das Wohl anderer respektieren.

Inspirierende Drohnenfotografen und Meisterwerke

Die Drohnenfotografie hat eine Gemeinschaft von talentierten Fotografen hervorgebracht, die die Grenzen der visuellen Kunst erweitern. In diesem Abschnitt werden wir einige inspirierende Drohnenfotografen und ihre beeindruckenden Werke vorstellen, um Ihnen Einblicke in die Vielfalt und Kreativität dieser Kunstform zu geben.

Fotografen im Rampenlicht

Bekannte Drohnenkünstler, die einen näheren Blick wert sind:

- Jimmy Chin: Bekannt für seine spektakulären Drohnenaufnahmen in extremen Umgebungen.

- Reuben Wu: Kombiniert Drohnenfotografie mit Lichtmalerei, um surreale Landschaften zu erschaffen.

- Gabriel Scanu: Spezialisiert auf atemberaubende Landschaftsbilder aus der Vogelperspektive.

Kreative Meisterwerke

- "Earth Rising" von Reuben Wu: Ein faszinierendes Bild eines Vulkans in der Nacht, umgeben von einem leuchtenden Ring aus Drohnenlichtern.

- "Rice Paddy Art" von Jun V Lao: Ein farbenfrohes Kunstwerk in Form von Reisfeldern, das nur aus der Luft sichtbar ist.

- "The Way to the Light" von Dirk Dallas: Ein beeindruckendes Bild eines einzelnen Wanderers auf einem langen Steg, der ins Meer führt.

Diese Fotografen und ihre Werke sind nur ein Beispiel für die erstaunliche Kreativität und Innovation, die in der Drohnenfotografie existieren. Lassen Sie sich von ihrer Arbeit inspirieren, um Ihre eigenen einzigartigen Meisterwerke zu schaffen und die faszinierende Welt der kreativen Drohnenfotografie weiter zu erkunden.

Ihre eigene kreative Reise - Herausforderungen und Belohnungen

Die kreative Drohnenfotografie ist eine fortwährende Reise, die Herausforderungen und Belohnungen gleichermaßen bietet. In diesem letzten Abschnitt werden wir auf die persönlichen Erfahrungen und Erkenntnisse eingehen, die Sie während Ihrer eigenen kreativen Reise mit Drohnen sammeln können.

Überwindung von Herausforderungen

- Seien Sie geduldig und bereit, technische Herausforderungen zu meistern, sei es bei der Flugsteuerung, der Bildbearbeitung oder der Ausrüstung.

- Experimentieren Sie mit neuen Techniken und Stilen, um Ihre Fähigkeiten kontinuierlich zu verbessern.

Persönliche Erfüllung und Belohnungen

-   Die Fähigkeit, einzigartige Bilder zu schaffen, die Ihre kreative Vision widerspiegeln und eine emotionale Verbindung zu Ihrem Publikum herstellen.

-   Die Freude, Orte aus der Vogelperspektive zu erkunden und unbekannte Winkel der Welt zu entdecken, die normalerweise unzugänglich wären.

Teilen und Verbindung

-   Nutzen Sie soziale Medien, Fotografieplattformen und lokale Fotografengruppen, um Ihre Werke mit anderen zu teilen und wertvolles Feedback zu erhalten.

-   Schließen Sie sich Fotografengruppen an, um Erfahrungen auszutauschen und sich inspirieren zu lassen.

Kontinuierliche Weiterentwicklung

-   Die Drohnenfotografie bietet immer neue Möglichkeiten zur Weiterentwicklung und Erweiterung Ihrer Fähigkeiten.

-   Seien Sie offen für Veränderungen und nutzen Sie jede Gelegenheit zur Weiterbildung.

Die Nachhaltigkeit der kreativen Reise

- Pflegen Sie Ihre Leidenschaft und Kreativität langfristig, indem Sie regelmäßig Zeit für Ihre Drohnenfotografie einplanen.

- Erinnern Sie sich daran, dass die kreative Reise mit Drohnen eine fortlaufende Entwicklung ist, die im Laufe der Zeit sowohl Ihre technischen Fähigkeiten als auch Ihre künstlerische Vision bereichern wird.

Indem Sie sich den Herausforderungen stellen, die kreativen Belohnungen genießen und sich aktiv mit der Drohnenfotografie-Community verbinden, können Sie Ihre eigene kreative Reise gestalten und einen einzigartigen Pfad der visuellen Entdeckung einschlagen.

Kapitel 4.2 - Grundlagen der Luftbildfotografie

Aufstieg zu meisterhaften Aufnahmen

In diesem Kapitel werden wir uns intensiv mit den Grundlagen der Luftbildfotografie auseinandersetzen, um Ihnen eine solide Basis für beeindruckende Aufnahmen aus der Vogelperspektive zu vermitteln. Wir werden die essenziellen Konzepte, Techniken und Best Practices erkunden, die Ihnen helfen, qualitativ hochwertige Luftbilder zu erstellen.

Auswahl der richtigen Ausrüstung

- Unterschiedliche Drohnenmodelle und Kameratypen für verschiedene fotografische Bedürfnisse.
- Berücksichtigung von Bildqualität, Auflösung und Flexibilität bei der Wahl der Kamera.

Kameraeinstellungen und Modus

- Einstellung von ISO, Blende und Belichtungszeit, um die gewünschte Bildqualität zu erzielen.

- Auswahl des richtigen Modus (Automatik, Blendenpriorität, Verschlusspriorität) für unterschiedliche Lichtverhältnisse.

Fokussierung und Schärfentiefe

- Verwendung von manueller oder automatischer Fokussierung, um das gewünschte Motiv scharf zu stellen.

- Kontrolle der Schärfentiefe, um wichtige Elemente im Vordergrund und Hintergrund zu betonen.

Perspektiven und Bildgestaltung

- Experimentieren mit verschiedenen Blickwinkeln und Höhen, um interessante Perspektiven zu schaffen.
- Anwendung der Prinzipien der Bildgestaltung wie Regel der Drittel, Symmetrie und Linienführung.

Licht und Beleuchtung

- Nutzen des natürlichen Lichts zu verschiedenen Tageszeiten für unterschiedliche Stimmungen.
- Verwendung von Reflektoren oder künstlichen Lichtquellen, um Schatten auszuleuchten und Kontraste auszugleichen.

Filter und Zubehör

- Verwendung von Polarisationsfiltern, ND-Filtern oder UV-Filtern, um Reflexionen zu reduzieren und Belichtung zu steuern.
- Einsatz von Gimbal-Stabilisatoren, um verwackelte Aufnahmen zu minimieren.

Bildkomposition und Regeln

- Berücksichtigung der Bildkompositionselemente wie Linien, Formen und Farben, um visuell ansprechende Bilder zu schaffen.

- Beachtung der Regel der Drittel und anderer bewährter Gestaltungsprinzipien.

Die Drittelregel bedeutet: Positionieren Sie das zu fotografierende Motiv auf der rechten oder linken Seite des Drohnenfotos.

Auslösen des perfekten Moments

- Geduldige Beobachtung und Warten auf den richtigen Moment, um einzigartige Szenen einzufangen.

- Auslösen von Serienaufnahmen, um Bewegungen oder Veränderungen in der Szene festzuhalten.

Die Grundlagen der Luftbildfotografie sind der Schlüssel zu eindrucksvollen Aufnahmen, die Ihre kreative Vision zum Ausdruck bringen. Indem Sie sich mit den oben genannten Konzepten vertraut machen und sie in der Praxis anwenden, können Sie Ihre fotografischen Fähigkeiten weiterentwickeln und meisterhafte Luftbilder erstellen.

Bildbearbeitung und Post-Processing - Feinschliff für Perfektion

Die Bildbearbeitung ist ein entscheidender Schritt, um aus Rohaufnahmen beeindruckende Luftbilder zu machen. In diesem Abschnitt werden wir die Grundlagen der Bildbearbeitung für Luftbilder erkunden und wie Sie Ihre Aufnahmen optimieren können.

Bildauswahl und Organisation

- Durchsicht der aufgenommenen Bilder und Auswahl der besten Aufnahmen.

- Benennung und Organisation von Dateien für eine einfache Verwaltung.

Belichtung und Farbkorrektur

- Anpassung von Belichtung, Kontrast, Highlights und Schatten, um die Tonwerte zu optimieren.

- Feineinstellung von Farbbalance und Sättigung für lebendige und natürliche Farben.

Retusche und Bildverbesserung

- Entfernung von störenden Elementen oder Unreinheiten im Bild.

- Anwendung von lokalen Anpassungen, um bestimmte Bereiche zu betonen oder zu verbessern.

Schärfung und Rauschreduktion

- Anwendung von Schärfungsfiltern, um die Details im Bild zu betonen.

- Reduzierung von Rauschen in dunklen oder einheitlichen Bereichen des Bildes.

Perspektivkorrektur und Verzerrung

- Anpassung von Verzerrungen, die aufgrund des Weitwinkelobjektivs oder der Drohnenperspektive auftreten können.

- Geraderichten von Linien und Horizonten für eine ausgewogene Komposition.

Export und Präsentation

- Speichern der bearbeiteten Bilder in hoher Auflösung für Druck oder Online-Veröffentlichung.

- Anwenden von Bildformaten und Größen, die den Verwendungszweck erfüllen.

Die Bildbearbeitung ermöglicht es Ihnen, das volle Potenzial Ihrer Luftbilder auszuschöpfen und Ihre kreative Vision zum Leben zu erwecken. Indem Sie die Grundlagen der Bildbearbeitung meistern, können Sie Ihre Aufnahmen auf professionellem Niveau optimieren und beeindruckende Ergebnisse erzielen.

Fotografieprojekte und Herausforderungen - Praxis für Perfektion

Die Praxis ist der Schlüssel zur Meisterung der Luftbildfotografie. In diesem Abschnitt werden wir über verschiedene Fotografieprojekte und Herausforderungen sprechen, die Ihnen helfen können, Ihre Fähigkeiten zu schärfen und Ihre kreative Reise fortzusetzen.

Landschaftserkundung aus der Luft

- Wählen Sie eine atemberaubende Landschaft oder Umgebung und erstellen Sie eine Serie von Luftbildern, die verschiedene Aspekte und Perspektiven erfassen.

- Experimentieren Sie mit verschiedenen Lichtverhältnissen und Wetterbedingungen, um vielfältige Ergebnisse zu erzielen.

Urbanes Leben von oben

- Erkunden Sie städtische Gebiete aus der Vogelperspektive und erfassen Sie die Dynamik und Vielfalt des urbanen Lebens.

- Achten Sie auf architektonische Details, Verkehrsströme und Menschenmengen, um ein umfassendes Bild der Stadt zu erstellen, natürlich wieder abhängig von den gesetzlichen Bestimmungen des jeweiligen Landes.

Natur und Umwelt

-   Widmen Sie sich der Dokumentation von
    Naturphänomenen, Wildtieren oder
    Umweltveränderungen aus der Vogelperspektive.

-   Nutzen Sie die Drohnenperspektive, um die Schönheit und
    Fragilität der Natur hervorzuheben.

Herausforderung - Kreative Perspektiven

-   Experimentieren Sie mit unkonventionellen Blickwinkeln
    und Perspektiven, um einzigartige und faszinierende Bilder
    zu erstellen.

-   Spielen Sie mit Schatten, Linien und Formen, um visuell
    ansprechende Kompositionen zu erreichen.

Herausforderung - Licht und Schatten

-   Erkunden Sie die Auswirkungen von Licht und Schatten zu
    verschiedenen Tageszeiten und Jahreszeiten.

-   Nutzen Sie die wechselnden Lichtverhältnisse, um
    Stimmung und Dramatik in Ihren Aufnahmen zu erzeugen.

Die Teilnahme an Fotografieprojekten und Herausforderungen kann
Ihnen helfen, Ihre Fähigkeiten zu vertiefen, Ihre Kreativität zu
fördern und neue Möglichkeiten in der Luftbildfotografie zu
entdecken. Durch kontinuierliche Praxis und Experimente können
Sie Ihre Meisterschaft auf diesem faszinierenden Gebiet
weiterentwickeln.

Drohnenfotografie als professionelles Geschäft - Möglichkeiten und Überlegungen

Die Drohnenfotografie bietet nicht nur kreative Freiheit, sondern kann auch eine lukrative professionelle Karriere sein. In diesem Abschnitt werden wir über die Möglichkeiten und Überlegungen sprechen, die mit der Nutzung von Drohnenfotografie als professionelles Geschäft einhergehen.

Einsatzbereiche für professionelle Drohnenfotografie

-   Immobilienfotografie und virtuelle Touren.

-   Luftaufnahmen für Film und Fernsehen.

-   Inspektionen von Bauwerken und Infrastruktur.

-   Umweltüberwachung und -dokumentation.

Herausforderungen und Überlegungen

-   Einhaltung der gesetzlichen Bestimmungen und Regulierungen für den kommerziellen Drohnenbetrieb.

-   Investition in hochwertige Ausrüstung und ständige Aktualisierung, um wettbewerbsfähig zu bleiben.

-   Marketing und Aufbau einer Kundenbasis, um erfolgreiches Geschäft zu gewährleisten.

Qualifikationen und Zertifizierungen

- Erwerb der erforderlichen Fluglizenzen und Zertifikate (A1/A3 und ggf. A2), um den kommerziellen Drohnenbetrieb durchzuführen (Gewerbeschein, Ausnahmegenehmigung: so genannte Allgemeinerlaubnis)

- Fortbildung und Weiterbildung, um die neuesten Techniken und Best Practices zu erlernen.

Wachstumspotenzial und Chancen

- Die steigende Nachfrage nach Luftaufnahmen für vielfältige Branchen eröffnet Möglichkeiten für Wachstum und Erfolg.

- Die Erweiterung der eigenen Fähigkeiten und Dienstleistungen kann dazu beitragen, sich in einem wettbewerbsintensiven Markt zu differenzieren.

Die Nutzung von Drohnenfotografie als professionelles Geschäft erfordert Engagement, Investitionen und die Bereitschaft, sich ständig weiterzuentwickeln. Wenn Sie jedoch die Herausforderungen annehmen und die Chancen nutzen, kann die professionelle Drohnenfotografie eine erfüllende und lukrative Karrieremöglichkeit sein.

Kapitel 4.3 - Tipps für beeindruckende Aufnahmen aus der Luft
Unterwegs zur Perfektion - Feinheiten und Nuancen der
Drohnenfotografie

In diesem Kapitel werden wir uns auf die Feinheiten konzentrieren, die den Unterschied zwischen guten und großartigen Luftaufnahmen ausmachen. Diese Tipps werden Ihnen helfen, Ihre kreativen Fähigkeiten zu schärfen und Ihre Luftbilder auf das nächste Level zu heben.

Die Macht der Vorplanung

- Recherchieren Sie im Voraus, um die besten Standorte und Zeiten für Ihre Luftaufnahmen zu ermitteln.

- Berücksichtigen Sie Wetterbedingungen, Lichtverhältnisse und mögliche Hindernisse.

Erzählen Sie eine Geschichte

- Schaffen Sie eine visuelle Erzählung mit Ihren Bildern, indem Sie eine klare Botschaft oder Emotion vermitteln.

- Nutzen Sie die Drohnenperspektive, um einen einzigartigen Blickwinkel auf Ihre Geschichte zu bieten.

Suche nach Strukturen und Mustern

- Erkennen Sie natürliche oder künstliche Muster, Formen und Strukturen im Gelände.

- Nutzen Sie diese Elemente, um visuell ansprechende Kompositionen zu gestalten.

Spiele mit Kontrasten

- Nutzen Sie Kontraste in Farben, Texturen und Licht, um visuelles Interesse zu erzeugen.

- Experimentieren Sie mit starken Kontrasten zwischen Licht und Schatten für dramatische Effekte.

Einbindung von Menschen oder Objekten

- Platzieren Sie gezielt Menschen, Tiere oder Objekte in Ihren Aufnahmen, um Größenverhältnisse und Perspektiven zu betonen.

- Halten Sie nach Bewegungen oder Momenten Ausschau, die die Handlung in Ihren Bildern erzählen.

Spielen mit Skala und Tiefe

- Nutzen Sie Elemente im Vordergrund, Mittelgrund und Hintergrund, um Tiefe und Dimension in Ihre Bilder einzuführen.

- Experimentieren Sie mit Skalierung, um die Größe von Objekten im Verhältnis zur Umgebung zu betonen.

Besondere Aufmerksamkeit auf den Horizont

- Achten Sie darauf, den Horizont gerade auszurichten, um ein ausgewogenes und professionelles Bild zu erzielen.

- Experimentieren Sie mit unterschiedlichen Horizontpositionen, um visuell interessante Ergebnisse zu erzielen.

Nutzen von Reflexionen

- Nutzen Sie Wasser- oder Glasoberflächen, um faszinierende Spiegelungen und Reflexionen einzufangen.

- Diese Effekte können eine zusätzliche visuelle Tiefe und Komplexität in Ihre Bilder bringen.

Inszenierung von Bewegung

- Experimentieren Sie mit Belichtungszeiten, um Bewegung in Ihren Aufnahmen einzufangen, sei es fließendes Wasser, sich bewegende Wolken oder Fahrzeuge.

- Verwenden Sie ND-Filter, um längere Belichtungszeiten bei hellem Licht zu ermöglichen.

Bildkomposition und -ausschnitt

-   Beachten Sie die Regel der Drittel und andere
    Kompositionsprinzipien, um visuell ansprechende Bilder zu
    gestalten.

-   Denken Sie daran, dass weniger manchmal mehr ist –
    konzentrieren Sie sich auf das Hauptmotiv und eliminieren
    Sie unnötige Elemente.

Die Meisterung dieser Tipps erfordert Übung, Geduld und eine
aufmerksame Wahrnehmung. Indem Sie sich auf die Feinheiten der
Luftbildfotografie konzentrieren, können Sie Ihre Aufnahmen auf ein
höheres Niveau heben und beeindruckende visuelle Geschichten
aus der Vogelperspektive erschaffen.

Spiele mit Schatten und Licht

-   Nutzen Sie die unterschiedlichen Lichtverhältnisse zu
    verschiedenen Tageszeiten, um Schatten und Lichteffekte
    in Ihre Bilder einzubauen.

-   Experimentieren Sie mit Silhouetten und dramatischen
    Schatten, um eine fesselnde visuelle Atmosphäre zu
    schaffen.

Emotionen einfangen

-   Versuchen Sie, Emotionen oder Stimmungen in Ihren Aufnahmen festzuhalten, sei es Freude, Staunen oder Frieden.

-   Die Drohnenperspektive kann dazu beitragen, diese Emotionen auf eine einzigartige und eindringliche Weise darzustellen.

Verwendung von Farben

-   Nutzen Sie Farben gezielt, um Stimmungen oder Botschaften zu vermitteln. Kalte Farben können Ruhe ausdrücken, während warme Farben Energie vermitteln.

-   Betrachten Sie den Farbkontrast zwischen dem Himmel, der Landschaft und möglichen Gebäuden oder Strukturen.

Details und Textur hervorheben

-   Konzentrieren Sie sich auf feine Details und Texturen in der Landschaft, die aus der Vogelperspektive besonders hervorstechen.

-   Zoomen Sie näher heran, um Strukturen wie Muster in Feldern oder Oberflächen von Gebäuden hervorzuheben.

Experimentieren mit Bewegung

- Nutzen Sie verschiedene Flugbewegungen wie Schwenks, Neigungen und Kamerafahrten, um Bewegung und Dynamik in Ihre Aufnahmen zu bringen.

- Verwenden Sie den Sportmodus, um schnelle und dynamische Bewegungen zu ermöglichen.

Kontinuität und Serienaufnahmen

- Erstellen Sie Serienaufnahmen, um den Verlauf von Bewegungen oder Veränderungen in einer Szene festzuhalten.

- Diese Serie kann dann zu einer erzählerischen Abfolge von Bildern kombiniert werden.

Bewusster Einsatz von Negativraum

- Lassen Sie gezielt leere oder negativen Raum in Ihren Aufnahmen, um die Aufmerksamkeit auf das Hauptmotiv zu lenken.

- Negative Räume können auch dazu verwendet werden, die Weite oder das Ausmaß einer Landschaft zu betonen.

Kontrolle über den Fokus

- Nutzen Sie den Fokus, um bestimmte Elemente im Bild hervorzuheben und den Blick des Betrachters zu lenken.

- Experimentieren Sie mit unterschiedlichen Fokuspunkten, um verschiedene visuelle Geschichten zu erzählen.

Geduld und Wiederholung

- Seien Sie bereit, geduldig zu sein und dieselbe Szene mehrmals zu fotografieren, um den perfekten Moment einzufangen.

- Veränderungen in Licht, Bewegung und Details können jede Aufnahme einzigartig machen.

Kreative Abweichungen von der Norm

- Brechen Sie gelegentlich bewusst mit den traditionellen Regeln der Fotografie, um unerwartete und kreative Ergebnisse zu erzielen.

- Experimentieren Sie mit unkonventionellen Blickwinkeln, Verzerrungen oder ungewöhnlichen Kompositionen.

Die Anwendung dieser fortgeschrittenen Tipps erfordert nicht nur technisches Know-how, sondern auch ein tieferes Verständnis für kreative Gestaltung und visuelle Kommunikation. Indem Sie diese Tipps in Ihre Drohnenfotografie integrieren und kontinuierlich experimentieren, können Sie Ihre Fähigkeiten weiterentwickeln und beeindruckende Luftaufnahmen mit einer einzigartigen künstlerischen Note erstellen.

Weitere Möglichkeiten und Tipps für Fortgeschrittene:

Komposition mit Linien und Formen

- Nutzen Sie natürliche oder künstliche Linien und Formen im Bild, um den Blick des Betrachters zu lenken und visuelles Interesse zu erzeugen.

- Experimentieren Sie -wie schon empfohlen- mit diagonalen, vertikalen und horizontalen Linien, um verschiedene Stimmungen zu erzeugen.

Kreative Bildstile und Filter

- Verwenden Sie kreative Filter oder Bildstile, um eine einzigartige Atmosphäre oder Stilrichtung zu erzeugen, sei es Vintage, Schwarz-Weiß oder Hochkontrast.

- Die Anwendung von Filtern kann dazu beitragen, Ihre Bilder visuell ansprechend zu gestalten und Ihre künstlerische Persönlichkeit zum Ausdruck zu bringen.

Arbeiten mit mehreren Belichtungen

- Experimentieren Sie mit Mehrfachbelichtungen, um verschiedene Aufnahmen desselben Motivs zu kombinieren und interessante Effekte zu erzielen.

- Diese Technik kann eine zusätzliche Tiefe und Dramatik in Ihre Bilder bringen.

Erstellen von Panoramaaufnahmen

- Nehmen Sie eine Reihe von Einzelaufnahmen auf und kombinieren Sie sie in der Post-Produktion zu beeindruckenden Panoramaaufnahmen.

- Panoramen können einen breiteren Blickwinkel bieten und spektakuläre Landschaften erfassen.

Wetter und atmosphärische Effekte

- Nutzen Sie Wetterbedingungen wie Nebel, Wolken oder Regen, um eine einzigartige und atmosphärische Stimmung in Ihren Bildern zu erzeugen.

- Diese Elemente können Tiefe und Textur in Ihren Aufnahmen hervorheben.

Abstrakte und minimalistische Ansätze

- Experimentieren Sie mit abstrakten und minimalistischen Kompositionen, indem Sie auf einzelne Details oder geometrische Formen fokussieren.

- Durch das Weglassen von unnötigen Elementen können Sie eine subtile und raffinierte visuelle Wirkung erzielen.

Integration von Text oder Grafiken

- Fügen Sie nachträglich Text, Symbole oder Grafiken in Ihre Bilder ein, um zusätzliche Informationen oder künstlerische Elemente hinzuzufügen.

- Diese Technik kann eine erzählerische Ebene zu Ihren Aufnahmen hinzufügen.

Dynamische Kompositionen in der Bewegung

- Nutzen Sie die Dynamik von sich bewegenden Objekten oder Personen, um faszinierende Kompositionen zu erstellen.

- Experimentieren Sie mit verschiedenen Flugmanövern, um Bewegungseffekte zu erzeugen.

Bildbearbeitung - Der letzte Schliff für Perfektion

Die Bearbeitung von Drohnenbildern ist ein entscheidender Schritt, um das volle Potenzial Ihrer Aufnahmen auszuschöpfen. Während moderne Drohnentechnologie bereits hochwertige Bilder liefert, kann die gezielte Bearbeitung den visuellen Reichtum Ihrer Bilder weiter verbessern.

Nutzen Sie Software-Tools wie Adobe Lightroom oder Photoshop, um Farben, Kontraste und Belichtung anzupassen. Verwenden Sie selektive Bearbeitung, um bestimmte Bereiche zu betonen oder Details hervorzuheben. Die Bildbearbeitung ermöglicht es Ihnen, Ihre künstlerische Vision zu verfeinern und die gewünschte Stimmung oder Atmosphäre zu erzeugen.

Auseinandersetzung mit der Kunstgeschichte - Inspiration aus der Vergangenheit

Die Drohnenfotografie mag eine moderne Technologie sein, aber sie kann auch von der reichen Geschichte der Kunst und Fotografie inspiriert werden. Studieren Sie berühmte Gemälde, Fotografien oder Kunstströmungen und lassen Sie sich von ihren Techniken und Stilrichtungen beeinflussen.

Vielleicht möchten Sie die Ästhetik der Romantik einfangen oder den Minimalismus der modernen Kunst in Ihre Bilder integrieren. Die Verbindung von Drohnenfotografie mit künstlerischen Bewegungen kann Ihnen neue Perspektiven eröffnen und Ihre Bilder mit einem Hauch von kultureller Tiefe versehen.

Zusammenarbeit und Kritik - Lernen von anderen

Die Teilnahme an Fotografie-Communities, Workshops oder Online-Foren kann eine wertvolle Möglichkeit sein, Ihre Fähigkeiten zu erweitern. Teilen Sie Ihre Arbeit, tauschen Sie Ideen aus und nehmen Sie konstruktive Kritik an. Die Perspektive anderer Fotografen kann neue Einsichten bieten und Ihre kreative Entwicklung fördern.

Ebenso können Sie von der Arbeit anderer Drohnenfotografen lernen. Analysieren Sie ihre Bilder, um ihre Techniken und Herangehensweisen zu verstehen. Sie könnten inspiriert werden, neue Stile oder Techniken auszuprobieren, die Ihnen zuvor nicht in den Sinn gekommen sind.

Geduld und Beharrlichkeit - Der Weg zur Meisterschaft

Die Drohnenfotografie, wie jede Kunstform, erfordert Geduld und Beharrlichkeit. Meisterliche Aufnahmen kommen selten beim ersten Versuch zustande. Nehmen Sie sich Zeit, um zu üben, zu experimentieren und Ihre Fähigkeiten zu verfeinern.

Denken Sie daran, dass jeder Fotograf Rückschläge und Herausforderungen erlebt. Diese Momente der Frustration sind Teil des kreativen Prozesses und können zu bedeutenden Durchbrüchen führen. Hinter jedem beeindruckenden Luftbild steht eine Geschichte von Ausdauer und Hingabe.

Fazit des Kapitels - Die Reise geht weiter

Die Tipps in diesem Kapitel sind dazu gedacht, Sie auf Ihrer Reise zur Meisterschaft der Drohnenfotografie zu begleiten. Nutzen Sie diese Anregungen, um Ihre kreativen Fähigkeiten zu erweitern und Ihre eigene visuelle Stimme zu finden. Die Welt der Drohnenfotografie ist reich an Möglichkeiten und Herausforderungen. Indem Sie stetig lernen, experimentieren und wachsen, können Sie Ihre Drohnenbilder zu wahren Meisterwerken entwickeln.

Kapitel 4.4 - Bildbearbeitung und Nachbearbeitung von Drohnenfotos und -videos

Unterwegs zur Virtuosität: Die Kunst der digitalen Veredelung und Inszenierung

Die Bildbearbeitung und Nachbearbeitung sind essenzielle Schritte auf dem Pfad zu beeindruckenden Drohnenfotos und -videos. In diesem umfassenden Kapitel werden wir eingehend die vielfältigen Aspekte der Postproduktion erforschen. Von der Auswahl der geeigneten Software bis zur Feinjustierung werden Sie erlernen, wie Sie das maximale Potential aus Ihren Aufnahmen herausholen können.

Die Wahl der passenden Software - Kreative Werkzeuge für die Bildbearbeitung

Die Vielzahl an verfügbaren Bildbearbeitungsprogrammen bietet Ihnen eine breite Palette an Optionen.
Adobe Lightroom ist eine bewährte Wahl und bietet leistungsstarke Instrumente zur Anpassung von Belichtung, Farben und Kontrasten.

Für anspruchsvollere Bearbeitungen können Sie in Erwägung ziehen, Programme wie Capture One oder DxO PhotoLab zu nutzen, die erweiterte Möglichkeiten zur Farbkalibrierung, Rauschreduktion und Detailverbesserung bieten. Für die Bildbearbeitung fast unverzichtbar halte ich Adobe Photoshop.

Die Auswahl der passenden Software hängt von Ihren individuellen Bedürfnissen ab und erfordert möglicherweise die Erkundung verschiedener Optionen, um die perfekte Übereinstimmung zu finden.

Die Macht der RAW-Bearbeitung - Kontrolle über Ihre Aufnahmen ausbauen

Hochwertige Drohnenkameras können RAW-Dateien erfassen, die Ihnen eine umfangreichere Kontrolle über die Bildbearbeitung verleihen. Im Gegensatz zu JPEG-Dateien bewahren RAW-Dateien mehr Informationen über Belichtung, Farben und Tonwertkurven. Dies ermöglicht Ihnen, Ihre Aufnahmen präziser zu bearbeiten und Details besser zur Geltung zu bringen.

Die Bearbeitung von RAW-Dateien eröffnet die Möglichkeit, Belichtungskorrekturen durchzuführen, Farbtemperatur und Weißabgleich anzupassen und mehr Details aus Schatten und Lichtern herauszuarbeiten. Die Bearbeitung von RAW-Dateien mag zeitaufwendiger sein, aber die erzielten Resultate können erheblich beeindruckender sein und eine breitere Bandbreite von Anpassungen ermöglichen.

Farbkalibrierung und Weißabgleich - Konsistente Farben für eindrucksvolle Resultate

Die korrekte Farbkalibrierung und der richtige Weißabgleich sind unverzichtbar, um konstante und ansprechende Farben in Ihren Bildern zu erzielen. Unterschiedliche Lichtverhältnisse können zu Farbverschiebungen führen, die es in der Nachbearbeitung zu korrigieren gilt.

Verwenden Sie Instrumente zur Farbkalibrierung, um Farbgenauigkeit und -balance anzupassen. Besondere Aufmerksamkeit sollten Sie dem Weißabgleich schenken, um sicherzustellen, dass Weiß auch wirklich weiß ist und nicht von unerwünschten Farbtönen beeinflusst wird. Eine präzise Farbkalibrierung trägt wesentlich zur visuellen Qualität Ihrer Aufnahmen bei und verleiht ihnen ein professionelles Finish.

Tonwertkorrekturen und Gradationskurven - Präzise Belichtung gestalten

Die Anpassung der Tonwerte und Gradationskurven erlaubt es Ihnen, Helligkeit und Kontrast Ihrer Aufnahmen exakt zu justieren. Dies ist insbesondere für die Erhaltung von Details in Schatten und Lichtern sowie für eine ausbalancierte Belichtung bedeutsam.

Die Gradationskurven ermöglichen Ihnen gezielte Kontrastanpassungen in unterschiedlichen Tonwertbereichen. Die Aufhellung von Schatten oder die Abdunklung von Lichtern kann dazu beitragen, zusätzliche visuelle Tiefe und Dimension in Ihre Bilder zu bringen und ihnen einen eindrucksvollen visuellen Punch zu verleihen.

Retusche und Detailverbesserung - Das Feintuning für makellose Resultate

Die gezielte Retusche von Details kann einen erheblichen Unterschied in der Qualität Ihrer Bilder bewirken. Verwenden Sie Spot-Entfernungs-Tools, um unerwünschte Flecken oder Objekte zu eliminieren. Die Schärfung von Details kann ebenfalls dazu beitragen, Klarheit und Schärfe Ihrer Aufnahmen zu intensivieren.

Die Reduzierung von Bildrauschen ist ein weiterer kritischer Schritt, insbesondere bei Aufnahmen mit höheren ISO-Werten. Moderne Bildbearbeitungssoftware ermöglicht eine präzise Rauschreduktion, ohne dabei zu viele Details zu opfern, und trägt damit zur Verbesserung der Bildqualität bei.

Effekte und kreative Bearbeitung - Einen eigenen Stil entwickeln

Die Bildbearbeitung bietet eine Bühne für kreative Experimente und Effekte. Sie können Farbfilter einsetzen, um eine spezifische Stimmung zu erzeugen, oder Vignetten verwenden, um den Fokus auf das Hauptmotiv zu lenken. Durch die Umwandlung von Aufnahmen in schwarz-weiß können Sie zeitlose und dramatische Effekte erzeugen, die die emotionale Tiefe Ihrer Bilder steigern.

Erinnern Sie sich stets daran, dass kreative Bearbeitung eine persönliche Wahl darstellt und Ihren individuellen Stil widerspiegeln sollte. Finden Sie heraus, welche Bearbeitungstechniken am besten zu Ihrer künstlerischen Vision passen und entwickeln Sie so einen unverkennbaren visuellen Ausdruck, der Ihre kreativen Intentionen zur Geltung bringt.

Bildbearbeitung für Drohnenvideos - Schneiden und Farbkorrektur

Die Nachbearbeitung von Drohnenvideos erfordert ähnliche Prinzipien wie bei Fotos, jedoch mit zusätzlichen Herausforderungen. Bei der Bearbeitung von Videos müssen Sie nicht nur die Bildqualität, sondern auch den visuellen Fluss und die Erzählung berücksichtigen.

Mithilfe von Videoschnittsoftware wie Adobe Premiere Pro oder Final Cut Pro können Sie Aufnahmen schneiden und zusammenfügen. Ferner kann ich die Software Cap Cut zum Videoschnitt wärmstens empfehlen, vor allem ist sie kostenlos. Es gibt bei Cap Cut allerdings auch die Möglichkeit zusätzliche Funktionen mit einer Pro Version zu erwerben.

Stellen Sie sicher, dass die Übergänge zwischen den Szenen flüssig verlaufen und verwenden Sie Überblendungen, um eine nahtlose visuelle Kontinuität zu schaffen.

Die Farbkorrektur gewinnt bei Drohnenvideos an besonderer Bedeutung, da unterschiedliche Aufnahmen unter verschiedenen Lichtverhältnissen entstehen können. Nutzen Sie Farbkalibrierungs- und Korrekturwerkzeuge, um eine durchgängige Farbwiedergabe in Ihrem Video sicherzustellen und ein harmonisches visuelles Erlebnis zu schaffen.

Die Kunst der Zurückhaltung - Wann weniger mehr ist

Während der Bildbearbeitung ist es häufig verlockend, viele Effekte und Anpassungen hinzuzufügen. Es ist jedoch wichtig, nicht in ein Übermaß zu verfallen. Überladen Sie Ihre Bilder nicht mit zu vielen Effekten, da dies von der natürlichen Schönheit und Stimmung Ihrer Aufnahmen ablenken kann.

Verfolgen Sie eine Philosophie von "Weniger ist mehr" und fokussieren Sie sich auf subtile Anpassungen, die die Qualität Ihrer Aufnahmen ohne Überwältigung aufwerten. Das Ziel sollte sein, die ursprüngliche Integrität Ihrer Bilder zu bewahren und gleichzeitig ihre visuelle Wirkung zu maximieren.

Meisterwerke der Nachbearbeitung kreieren

Die Kunst der Bildbearbeitung und Nachbearbeitung eröffnet die Tür zu atemberaubenden Ergebnissen in der Drohnenfotografie und -videografie. Durch die Auswahl der passenden Software, die Arbeit mit RAW-Dateien und die gezielte Anpassung von Farben, Belichtung und Details können Sie das volle Potenzial Ihrer Aufnahmen freisetzen.

Kreative Bearbeitung ermöglicht es Ihnen, einen individuellen Stil zu entwickeln und Ihre künstlerische Vision zu verwirklichen. Dennoch ist Zurückhaltung gefragt, um die ursprüngliche Schönheit Ihrer Aufnahmen nicht zu überdecken.

Die Beherrschung der Bildbearbeitung erfordert Zeit, Übung und Hingabe. Durch das Meistern dieser Techniken können Sie Drohnenbilder und -videos kreieren, die nicht nur beeindruckend sind, sondern auch Ihre persönliche kreative Handschrift tragen. Die Reise zur Perfektion mag anspruchsvoll sein, doch die erzielten Resultate werden zweifellos atemberaubend sein und Ihre kreativen Ambitionen widerspiegeln.

In der digitalen Dunkelkammer verschmilzt der kreative Ausdruck des Fotografen mit den grenzenlosen Möglichkeiten der modernen Bildbearbeitung. Die Zeit, die wir investieren, um unsere Drohnenaufnahmen nachträglich zu verfeinern, kann den entscheidenden Unterschied zwischen einer beeindruckenden Aufnahme und einem echten Meisterwerk ausmachen.

Die Farbkalibrierung, die wie eine Künstlerpalette wirkt, ermöglicht uns, die emotionale Stimmung einer Szene zu betonen. Wir tauchen ein in die tiefen Ozeane der Farbtheorie und experimentieren mit subtilen Verschiebungen, um das Auge des Betrachters gezielt zu lenken. Durch das feinfühlige Einstellen von Helligkeit, Kontrast und Farbton schaffen wir eine einzigartige Atmosphäre, die die Essenz des Moments einfängt.

Die Kontrolle über Licht und Schatten verleiht unseren Bildern eine tiefgreifende Dimension. Wenn wir die Tonwertkurven sorgfältig formen, enthüllen sich verborgene Details, und die dramatischen Kontraste erzählen Geschichten von Emotion und Tiefe. Die Nachbearbeitung bietet uns die Macht, die visuelle Erzählung zu beeinflussen und das Gefühl der Präsenz zu intensivieren.

Die gezielte Retusche ist eine subtile Form der Bildhauerei, bei der wir unsere Aufnahmen polieren und perfektionieren. Unsere Werkzeuge sind digitale Pinsel, die es uns erlauben, störende Elemente zu entfernen und den Fokus auf das Wesentliche zu richten. Die Kunst besteht darin, das Gleichgewicht zwischen Natürlichkeit und Perfektion zu finden, um ein Bild zu schaffen, das gleichermaßen vertraut und doch erhaben ist.

Ein wahrer Zaubertrick der Bildbearbeitung ist die Verwendung von Farbfiltern und Effekten, die eine neue Dimension der Kreativität eröffnen. Ein Hauch von Sepia kann eine Szene in eine vergangene Ära versetzen, während ein subtiler Glanz den Eindruck von Magie vermittelt. Durch das geschickte Kombinieren von Effekten können wir Bilder gestalten, die den Betrachter in eine Welt jenseits der Realität entführen.

Die Bearbeitung von Drohnenvideos erfordert eine besondere Sensibilität, um den visuellen Fluss und die narrative Kohärenz zu bewahren. Mit der Kunst des Videoschnitts erfinden wir eine Geschichte, in der jede Szene nahtlos in die nächste übergeht. Farbkorrekturen werden zu unserem Leinwandpinsel, der eine konsistente Stimmung schafft und den visuellen Rhythmus des Videos unterstützt.

Die Quintessenz der Bildbearbeitung ist die Fähigkeit, den kreativen Impuls zu lenken, ohne die Essenz der Aufnahme zu verfälschen. Weniger kann oft mehr sein, wenn es darum geht, die ursprüngliche Schönheit zu bewahren und dennoch eine persönliche Note hinzuzufügen. Die behutsame Balance zwischen Technik und Intuition ermöglicht es uns, den unverwechselbaren Stempel unseres künstlerischen Ausdrucks auf jedes Bild zu drücken.

Während wir diese Reise durch die Welt der Bildbearbeitung und Nachbearbeitung antreten, erkennen wir, dass die Meisterschaft eine endlose Reise ist. Jedes Werkzeug, jede Technik und jeder kreative Kniff eröffnet uns neue Horizonte der künstlerischen Entfaltung. In dieser unendlichen Reise entdecken wir nicht nur die Geheimnisse der digitalen Veredelung, sondern auch die Essenz unserer eigenen kreativen Stimme, die in jedem Bild und Video widerhallt, das wir erschaffen.

Erfolgreiche Videos- und Fotos sind kein Problem!

Zur Drohnenfotografie und -videografie aus der Vogelperspektive erzähle ich dir eine Geschichte, die auch deine Erfolgsstory sein könnte:

„In einer ruhigen Stadt, umgeben von majestätischen Bergen und sanften Hügeln, begann die faszinierende Reise eines jungen Fotografen namens Alex. Schon immer von der Schönheit der Natur und der Kunst der Fotografie fasziniert, fand er in Drohnenfotografie und -videografie seine wahre Leidenschaft.

Alex erwarb seine erste Drohne mit einem klaren Ziel vor Augen: die Welt aus einer völlig neuen Perspektive einzufangen. Mit seinem fliegenden Begleiter in der Hand und einer Kamera, die am Himmel schwebte, betrat er eine Welt voller unbegrenzter Möglichkeiten. Jeder Flug war eine Entdeckungsreise, die es ihm ermöglichte, die Welt unter ihm aus einer völlig neuen Dimension zu sehen.

Die ersten Schritte waren holprig, aber mit der Zeit und der Hingabe, die Alex in seine Leidenschaft steckte, begannen seine Aufnahmen zu erblühen. Die Drohne war sein Werkzeug, um die Schönheit der Natur einzufangen, von üppigen Wäldern bis hin zu malerischen Seen. Die majestätischen Berge, die einst unerreichbar schienen, wurden zu seinen Leinwänden, auf denen er die Farben des Himmels einfing und die magischen Momente des Sonnenuntergangs festhielt.

Doch Alex wollte mehr als nur schöne Bilder. Er wollte Geschichten erzählen. Jede Aufnahme wurde zu einem Kapitel in seinem visuellen Tagebuch, das die Stimmung und Emotionen der Landschaften und Orte einfing. Seine Drohnenvideos erzählten von der ruhigen Stille eines Waldes im Morgengrauen, dem tobenden Tanz der Wellen an einem abgelegenen Strand und der erhabenen Pracht einer Berglandschaft, die von Wolken umhüllt war.

Die wahren Geheimnisse offenbarten sich jedoch in der digitalen Dunkelkammer. Alex verbrachte unzählige Stunden damit, jedes Detail seiner Aufnahmen zu verfeinern. Die Farbkalibrierung wurde zu einem kreativen Spiel, bei dem er die Stimmung jeder Szene intensivierte. Die gezielte Retusche ermöglichte es ihm, unerwünschte Elemente zu entfernen und den Fokus auf das Wesentliche zu lenken.

Die Tonwertkorrekturen wurden zu einem Mittel, um die visuelle Tiefe seiner Bilder zu intensivieren. Durch das subtile Einstellen von Licht und Schatten erzielte er eine harmonische Balance, die seine Aufnahmen lebendig machten. Die Bildbearbeitung wurde zu einem Tanz zwischen Künstler und Werkzeug, bei dem Alex die Fäden der visuellen Erzählung zog.

Die Kunst der Bildbearbeitung erstreckte sich auch auf seine Drohnenvideos. Jeder Schnitt, jede Überblendung und jede Farbkorrektur wurde mit der Absicht gemacht, die Geschichte flüssig und fesselnd zu erzählen. Die Videobearbeitung war eine Verschmelzung von Bewegung und Emotion, bei der Alex die Essenz jeder Szene einfing und sie zu einem Gesamtkunstwerk zusammenführte.

Schließlich begannen die Werke von Alex die Aufmerksamkeit auf sich zu ziehen. Seine Bilder und Videos wurden in Ausstellungen gezeigt, seine Geschichten wurden in Magazinen veröffentlicht, und seine Online-Präsenz wuchs stetig. Menschen aus der ganzen Welt wurden von seinen Aufnahmen verzaubert, die sie in faszinierende Orte mitnahmen und ihnen die Schönheit der Natur näherbrachten.

Durch die Drohnenfotografie und -videografie fand Alex nicht nur eine Leidenschaft, sondern auch eine Möglichkeit, seine kreative Stimme auszudrücken. Jede Aufnahme war ein Ausdruck seiner Sicht auf die Welt, jedes Video ein Mittel, um Geschichten zu erzählen, die ohne Worte sprachen. Die Kombination aus fliegendem Blickwinkel und kunstvoller Bearbeitung verlieh seinen Werken eine Tiefe und Magie, die die Betrachter berührte und inspirierte.

Und so setzte Alex seine Reise fort, immer auf der Suche nach neuen Orten, neuen Perspektiven und neuen Geschichten. Durch seine Hingabe zur Drohnenfotografie und -videografie wurde er zu einem Meister seines Fachs, der die Welt in einem völlig neuen Licht erstrahlen ließ und uns alle dazu inspirierte, die Schönheit um uns herum mit anderen Augen zu sehen."

Kapitel -5-

Erweiterte Nutzungsmöglichkeiten mit Drohnen

Die Evolution der Drohnentechnologie hat nicht nur die Fotografie und Videografie revolutioniert, sondern auch eine Vielzahl weiterer Einsatzmöglichkeiten eröffnet. In diesem Kapitel tauchen wir in die faszinierende Welt der erweiterten Nutzungsmöglichkeiten mit Drohnen ein. Von der Wissenschaft bis zur Landwirtschaft, von der Umweltüberwachung bis zur Katastrophenhilfe werden wir entdecken, wie Drohnen unser Leben in vielfältiger Weise bereichern und unterstützen können.

Kapitel 5.1 - Fortgeschrittene Nutzungsmöglichkeiten

Wenn Drohnen neue Horizonte erobern - Kreative Anwendungsmöglichkeiten jenseits des Gewöhnlichen

Während die Drohnenindustrie weiter wächst, erweitern sich auch die Einsatzmöglichkeiten für diese vielseitigen Geräte. In diesem Kapitel werden wir uns intensiv mit den fortgeschrittenen Nutzungsmöglichkeiten von Drohnen auseinandersetzen, die über die traditionellen Anwendungen hinausgehen. Diese erweiterten Einsatzgebiete reichen von innovativen Technologien bis hin zu faszinierenden Entwicklungen, die unsere Welt auf spannende neue Weise beeinflussen.

Inspektion und Wartung von Infrastrukturen - Die Höhen der Effizienz

Drohnen haben die Inspektions- und Wartungsbranche revolutioniert, indem sie es ermöglichen, schwer zugängliche oder gefährliche Orte zu überprüfen. Von Windkraftanlagen über Stromleitungen bis hin zu Brücken können Drohnen hochauflösende Bilder und Videos liefern, die eine genaue Beurteilung des Zustands ermöglichen.

Baustellenmanagement und Fortschrittsüberwachung - Der Himmel als Baustelle

Die Baubranche profitiert von Drohnen, die den Baufortschritt in Echtzeit überwachen und detaillierte 3D-Modelle von Baustellen erstellen können. Durch den Vergleich von Soll- und Ist-Zuständen können Projektmanager den Baufortschritt genau verfolgen und potenzielle Engpässe frühzeitig erkennen. Man sieht daran, wie Drohnen das Baustellenmanagement optimieren und den Workflow verbessern können.

Filmproduktion und Kino - Kreativität aus der Luft

Die Filmindustrie hat Drohnen als leistungsstarke Werkzeuge zur Bereicherung von Filmen und Videos erkannt. Durch die Kombination von Drohnenaufnahmen mit herkömmlichen Kameratechniken können einzigartige visuelle Effekte und Perspektiven erzeugt werden. Bei der Anwendung von Drohnen in der Filmproduktion erkennt man, wie sie die kreative Vision von Regisseuren erweitert.

Virtuelle Realität (VR) und Augmented Reality (AR) - Neue Realitäten erkunden

Die Integration von Drohnenaufnahmen in VR- und AR-Anwendungen eröffnet neue Möglichkeiten der virtuellen Erkundung. Nutzer können Orte aus der Ferne erleben und immersive virtuelle Touren genießen. Unbeschreiblich, wie Drohnenaufnahmen in die Welt der erweiterten Realität eingeführt werden und wie sie das Erlebnis von Nutzern bereichern können.

Geo-Tagging und Geodatenanalyse - Der Himmel als Informationsquelle

Drohnen liefern nicht nur visuelle Eindrücke, sondern auch wertvolle geografische Daten. Durch Geo-Tagging und präzise GPS-Technologie können Drohnen Daten für Kartierungen, Geländemodelle und Geodatenanalyse erfassen. Die Möglichkeiten der Drohnennutzung für die Erstellung von genauen Karten und Geodaten sind schon länger kein Science-Fiction mehr.

Architektur- und Immobilienbranche - Die Immobilie aus der Vogelperspektive

Drohnen haben die Art und Weise verändert, wie Immobilien präsentiert werden. Hochwertige Luftaufnahmen und 3D-Modelle ermöglichen es potenziellen Käufern und Mietern, sich einen umfassenden Eindruck von Gebäuden und Grundstücken zu verschaffen. Die Rolle von Drohnen in der Architektur- und Immobilienbranche ist nicht mehr weg zu denken und vor allem, wie sie die Immobilienvermarktung revolutionieren.

Infrarot- und Wärmekartierung - Das Unsichtbare sichtbar machen

Drohnen können mit speziellen Kameras Infrarot- und Wärmebilder aufnehmen, die für das menschliche Auge unsichtbar sind. Diese Technologie wird in verschiedenen Bereichen eingesetzt, von der Gebäudeinspektion bis zur Landwirtschaft. Drohnen sind in der Lage, wertvolle Informationen über Temperaturunterschiede und Wärmequellen zu liefern. Mit der Hilfe von Thermalkameras.

Astronomie und Beobachtung des Himmels - Sterne über uns

Drohnen ermöglichen es uns, den Blick über die Atmosphäre hinaus in den Himmel zu richten. In der Astronomie können sie verwendet werden, um Teleskope zu unterstützen, den Himmel zu kartieren und seltene astronomische Ereignisse zu beobachten. Wir werden die Verbindung zwischen Drohnen und der Erkundung des Kosmos immer häufiger sehen.

Mode und Werbung - Kreative Inszenierung am Himmel

Die Welt der Mode und Werbung hat Drohnen als innovative Werkzeuge für kreative Inszenierungen erkannt. Drohnenaufnahmen bieten einzigartige Perspektiven für Modeshootings, Laufstegpräsentationen und Werbekampagnen. Diese neuen visuellen Ansätze ermöglichen es Designern und Marken, auffällige und unvergessliche Bilder zu kreieren, die die Aufmerksamkeit eines breiten Publikums auf sich ziehen. Zukünftig werden wir feststellen, wie Drohnen in der Mode- und Werbeindustrie als künstlerische Werkzeuge genutzt werden können, um visuelle Botschaften auf eine völlig neue Ebene zu heben.

Kunst und Installationen - Drohnen als fliegende Künstler

Die künstlerische Nutzung von Drohnen hat eine aufregende neue Form der visuellen Kunst geschaffen. Kreative Köpfe setzen Drohnen ein, um atemberaubende Lichtshows, kinetische Skulpturen und immersive Installationen zu schaffen. Eine spannende Welt der drohnengesteuerten Kunst, wie Künstler die Lüfte als ihre Leinwand nutzen.

Vermessung von Archäologie und Kulturerbe - Die Vergangenheit von oben betrachten

Archäologen setzen Drohnen ein, um historische Stätten und Kulturerbe aus der Vogelperspektive zu dokumentieren. Luftaufnahmen ermöglichen es, archäologische Überreste zu erkennen, Muster im Gelände zu identifizieren und den Zustand von Denkmälern zu überwachen. Unglaublich, wie Drohnen die Archäologie unterstützen und unser Verständnis der Vergangenheit vertiefen.

Medizinische Versorgung und Gesundheitswesen - Drohnen als fliegende Helfer

Drohnen werden zunehmend in der medizinischen Versorgung eingesetzt, um dringend benötigte Lieferungen von Medikamenten und medizinischer Ausrüstung in entlegene Gebiete zu bringen. In der Telemedizin können Drohnen verwendet werden, um medizinische Versorgung in Echtzeit zu bieten. Wir werden die Rolle von Drohnen im Gesundheitswesen immer häufiger erleben, wie sie die medizinische Versorgung verbessern in greifbarer Zukunft.

Bildung und Forschung - Drohnen im Klassenzimmer

Drohnen bieten Lehrern und Schülern eine innovative Möglichkeit, praktische Erfahrungen in Wissenschaft, Technologie, Ingenieurwesen und Mathematik (STEM) zu sammeln. Schüler können Drohnen programmieren, fliegen und Daten sammeln, um komplexe Konzepte zu verstehen. Bald werden wir sehen, wie Drohnen in Bildungseinrichtungen als lehrreiches Werkzeug eingesetzt werden.

Unterwasserexploration - Den Ozean von oben und unter Wasser erkunden

Die Drohnentechnologie hat nicht nur die Lüfte, sondern auch die Meere erobert. Unterwasserdrohnen, auch als ROVs (Remotely Operated Vehicles) bekannt, können Unterwasserwelten erkunden, Korallenriffe dokumentieren und Meeresforschung unterstützen, in Tiefen, die so nicht erreichbar wären.

Soziale Dienste und humanitäre Hilfe - Drohnen für das Gemeinwohl

Drohnen werden zunehmend in sozialen Diensten und humanitären Hilfsaktionen eingesetzt. Sie können genaue Karten für humanitäre Einsätze erstellen, Hilfe bei Naturkatastrophen leisten und Notfallversorgung in entlegenen Gebieten bereitstellen. Spannend, wie Drohnen für das Gemeinwohl eingesetzt werden und wie sie humanitäre Hilfe und soziale Dienste unterstützen.

Gastronomie und Lieferdienste - Die Zukunft der Essenslieferung

Die Gastronomiebranche nutzt wahrscheinlich irgendwann Drohnen, um Essen schnell und effizient an Kunden zu liefern. Lieferdienste setzen dann Drohnen ein, um Bestellungen an entlegene Orte zu bringen und Verkehrsengpässe zu umgehen. Wir werden mit Freude erwarten, wie Drohnen die Art und Weise verändern, wie wir Essen bestellen und liefern lassen.

Sportanalyse und Leistungsoptimierung - Der Himmel als Spielfeld

Im Sport haben Drohnen die Möglichkeit geschaffen, Spiele aus neuen Winkeln zu betrachten und die Leistung von Athleten zu analysieren. Drohnen können taktische Ansätze in Mannschaftssportarten erfassen und individuelle Spielerleistungen überwachen. Wir werden sehen, wie Drohnen in der Sportanalyse und Leistungsoptimierung eingesetzt werden, um Teams und Athleten zu verbessern.

Persönliche Sicherheit und Überwachung - Die Wächter des Himmels

Drohnen werden zunehmend in persönlichen Sicherheitsanwendungen eingesetzt, von der Überwachung von Eigentum bis hin zur Überwachung von Veranstaltungen. Sie können potenzielle Gefahren erkennen, Sicherheitspersonal unterstützen und Überwachungskapazitäten erweitern. Alsbald werden Drohnen die persönliche Sicherheit verbessern.

Spielzeug und Unterhaltung - Drohnen für alle Altersgruppen

Drohnen sind nicht nur für Fachleute, sondern auch für Freizeitnutzer zugänglich geworden. Drohnen für den Hobbygebrauch bieten Menschen jeden Alters die Möglichkeit, fliegende Technologie zu erleben und ihre Fähigkeiten zu verbessern. Heute schon sehen wir, wie Drohnen als unterhaltsame Gadgets und Spielzeuge dienen können und auch das Herz eines Einzelnen im Nu erhaschen, schnell wird eine/oder mehrere Drohne/n zum neuen Hobby.

Die fortgeschrittenen Nutzungsmöglichkeiten von Drohnen sind ein faszinierendes Beispiel dafür, wie Technologie unser Leben auf vielfältige Weise bereichert und beeinflusst. Von der Industrie bis zur Kunst, von der Forschung bis zur Unterhaltung bieten Drohnen eine unendliche Palette von Möglichkeiten, die unsere Vorstellungskraft und Kreativität herausfordern. Während wir diese aufregenden Anwendungen erkunden, sehen wir, dass die Zukunft der Drohnennutzung noch vielversprechender ist und uns immer wieder neue Horizonte eröffnen wird.

Personalisierte Zustellung und Logistik - Der Himmel als Lieferweg

Die Idee der personalisierten Zustellung mit Drohnen hat sich von der Zukunftsvision zu einer Realität entwickelt. Unternehmen erforschen Möglichkeiten, Produkte direkt an Kunden zu liefern, indem sie Drohnen als alternative Lieferwege nutzen. Wir werden akzeptieren müssen, dass Drohnen in der Logistikbranche die Lieferzeit verkürzen werden und eine personalisierte Zustellung ermöglichen können.

Energie- und Umweltüberwachung - Himmelsgestützte Überwachung

Drohnen spielen eine Rolle bei der Überwachung von Energieinfrastrukturen wie Solarkraftwerken und Windparks. Sie können auch verwendet werden, um Umweltverschmutzung, Luftqualität und den Zustand von Energieanlagen zu überwachen. Es werden die Möglichkeiten der Drohnennutzung in der Energie- und Umweltüberwachung ständig weiter erforscht.

Kriminalitätsbekämpfung und Sicherheit - Die Augen der Strafverfolgung

Strafverfolgungsbehörden setzen Drohnen zunehmend ein, um Kriminalität zu bekämpfen, Unfälle zu rekonstruieren und Menschen in Gefahr zu retten. Drohnen können Bereiche überwachen, die für Menschen schwer zugänglich sind, und wertvolle Beweise sammeln. Wie Drohnen zur Kriminalitätsbekämpfung und öffentlichen Sicherheit beitragen sieht man beispielsweise bei Brandstiftung. Die Polizei kann heute frühzeitig aus der Luft erkennen, was der Auslöser war.

Naturbeobachtung und Wildtierforschung - Einblick in die Tierwelt

Drohnen ermöglichen es Forschern und Naturschützern, Wildtiere aus der Ferne zu beobachten, ohne sie zu stören. Von der Erforschung von Tiermigrationen bis zur Identifizierung gefährdeter Arten können Drohnen wertvolle Daten für den Artenschutz liefern. Drohnen werden in der Naturbeobachtung und Wildtierforschung eingesetzt.

Luftreinigung und Schadstoffmessung - Drohnen für saubere Luft

In Städten mit Luftverschmutzungsproblemen können Drohnen zur Schadstoffmessung eingesetzt werden, um genaue Daten über die Luftqualität zu sammeln. Drohnen können auch als Luftreinigungssysteme verwendet werden, um Schadstoffe aus der Luft zu filtern. So können Drohnen beispielsweise in der Umwelttechnologie eingesetzt werden, um die Luftqualität zu verbessern.

Social Media und Content-Erstellung - Der Himmel als Bühne

Drohnenaufnahmen bieten Influencern und Content-Erstellern eine beeindruckende visuelle Ästhetik für soziale Medien und Online-Plattformen. Von atemberaubenden Reiseaufnahmen bis hin zu einzigartigen Perspektiven auf Alltagsmomente können Drohnen die Qualität von Social-Media-Inhalten erhöhen. Man schaue nur einmal bei Youtube vorbei, wie Drohnen zur Content-Erstellung und visuellen Gestaltung beitragen und genutzt werden.

Bildung und Sensibilisierung - Die Technologie verstehen

Drohnen bieten eine Gelegenheit für Bildungseinrichtungen, Schülern Technologiekenntnisse zu vermitteln. Mit Drohnen können Schüler Programmierung, Flugmechanik und Technologie verstehen. Daran sieht man, wie Drohnen als Werkzeuge zur Sensibilisierung für Technologie und Innovation in Bildungseinrichtungen dienen können.

Überwachung von Infektionskrankheiten - Drohnen für die Gesundheit

Drohnen können in der Überwachung von Infektionskrankheiten eingesetzt werden, indem sie Gebiete kartieren, die von Ausbrüchen betroffen sind, und potenzielle Infektionsquellen identifizieren. Sie können auch dazu beitragen, medizinische Vorräte in betroffene Gebiete zu liefern. Es gibt viele Möglichkeiten, wie Drohnen in der Überwachung von Infektionskrankheiten eingesetzt werden könnten.

Kulturelle Dokumentation und Denkmalpflege - Vergangenheit bewahren

Drohnen ermöglichen es, Kulturstätten, Denkmäler und historische Gebäude aus der Luft zu dokumentieren und zu erhalten. Luftaufnahmen können dazu beitragen, kulturelles Erbe zu bewahren und zukünftigen Generationen zu vermitteln. Es ist schön zu erkennen, wie Drohnen in der kulturellen Dokumentation und Denkmalpflege eingesetzt werden können – oder?

Die fortgeschrittenen Nutzungsmöglichkeiten von Drohnen sind ein lebendiges Beispiel dafür, wie technologische Innovationen die Grenzen des Möglichen erweitern können. Von der Bereitstellung medizinischer Versorgung in entlegenen Gebieten bis zur Dokumentation von Kulturerbe haben Drohnen das Potenzial, unser Leben in vielfältiger Weise zu verbessern und zu bereichern. Während wir diese aufregenden Möglichkeiten erkunden, wird deutlich, dass die Drohnentechnologie weiterhin eine bedeutende Rolle in verschiedenen Branchen und Aspekten unseres Lebens spielen wird.

Drohnentechnologie in der Bildung - Lernen durch Fliegen

Die Integration von Drohnen in Bildungseinrichtungen bietet Schülern die Möglichkeit, technische Fähigkeiten zu erlernen und zu vertiefen. Vom Programmieren von Drohnen bis zur Erstellung von Luftbildern können Schüler praxisnahe Erfahrungen in Wissenschaft, Technik, Ingenieurwesen und Mathematik (STEM) sammeln. Wir werden sehen, wie Drohnen in der Bildung als kreatives Werkzeug eingesetzt werden können, um junge Köpfe für Technologie und Innovation zu begeistern.

Sport- und Eventübertragung - Drohnen in der Live-Berichterstattung

Die Sport- und Unterhaltungsindustrie nutzt Drohnen, um beeindruckende Live-Übertragungen und atemberaubende Aufnahmen von Sportveranstaltungen, Konzerten und Events zu liefern. Drohnen können dynamische Perspektiven bieten und Zuschauern ein einzigartiges visuelles Erlebnis bieten. Wir werden untersuchen, wie Drohnen die Art und Weise verändern, wie wir Sport- und Unterhaltungsveranstaltungen erleben.

Klimaforschung und Umweltschutz - Helfer in der Klimakrise

Drohnen tragen zur Erforschung des Klimawandels bei, indem sie Daten über Umweltveränderungen sammeln und Analysen durchführen. Von der Überwachung von Gletschern bis zur Erfassung von Luft- und Wasserverschmutzung können Drohnen wertvolle Informationen für den Umweltschutz liefern. Wir werden sehen, wie Drohnen in der Klimaforschung und im Umweltschutz eingesetzt werden, um die Auswirkungen des Klimawandels zu verstehen.

Unterstützung bei Tierrettungen - Drohnen für Tiere in Not

Drohnen können Tierrettungsorganisationen bei der Suche nach vermissten Tieren in abgelegenen Gebieten oder gefährlichen Umgebungen unterstützen. Sie können Wärmebildkameras verwenden, um Tiere aufzuspüren, die in Not geraten sind, und Rettungsaktionen koordinieren. Wir werden sehen, wie Drohnen in Tierrettungsmissionen eingesetzt werden, um Tieren in kritischen Situationen zu helfen.

Städteplanung und -entwicklung - Der Himmel über der Metropole

In der Städteplanung spielen Drohnen eine zunehmend wichtige Rolle, indem sie hochauflösende Luftaufnahmen von Stadtgebieten liefern. Städteplaner können diese Daten verwenden, um die Entwicklung von Infrastruktur, Verkehr und Grünflächen zu planen. Wir werden untersuchen, wie Drohnen in der Städteplanung und -entwicklung eingesetzt werden, um lebenswerte städtische Umgebungen zu schaffen.

Astronomie und Raumfahrt - Drohnen für die Erforschung des Universums

In der Raumfahrtforschung können Drohnen dazu verwendet werden, Oberflächen von Himmelskörpern zu erkunden und Daten aus unzugänglichen Bereichen des Universums zu sammeln. Von der Untersuchung von Planetenoberflächen bis zur Erforschung von Gasriesen können Drohnen wertvolle Einblicke in den Kosmos liefern. Wir werden sehen, wie Drohnen in der Astronomie und Raumfahrt eingesetzt werden, um unser Verständnis des Universums zu erweitern.

Forschung und Schutz von Meereslebewesen - Das Leben unter der Oberfläche

Drohnen spielen auch eine wichtige Rolle in der Meeresforschung, indem sie Unterwasserlebewesen und Ökosysteme erforschen. Von der Beobachtung von Walen bis zur Untersuchung von Korallenriffen können Drohnen wertvolle Daten für den Schutz der Ozeane liefern. Wir werden sehen, wie Drohnen in der Meeresforschung und im Naturschutz eingesetzt werden, um die Vielfalt und Gesundheit der Unterwasserwelt zu bewahren.

Transport und Personenbeförderung - Die Ära der Lufttaxis

Die Vision von fliegenden Autos und Lufttaxis wird immer realistischer, da Unternehmen Drohnen für den Personentransport entwickeln. Diese autonomen Luftfahrzeuge könnten Staus überwinden und den Verkehr in städtischen Gebieten entlasten. Es bleibt abzuwarten, wie Drohnen in der Transportbranche eine neue Ära der Mobilität einleiten könnten.

Kunst und kreative Inszenierung - Der Himmel als Leinwand

Künstler setzen Drohnen ein, um beeindruckende Lichtshows, Kunstinstallationen und multimediale Performances zu schaffen. Durch das präzise Zusammenspiel von Drohnen entstehen faszinierende visuelle Erlebnisse am Himmel. Es wird ansprechend sein, wie Drohnen als kreative Werkzeuge in der Kunst eingesetzt werden und neue Dimensionen der visuellen Ästhetik eröffnen.

Aufklärung und Erkundung von Katastrophen - Drohnen als Ersthelfer

Drohnen werden in Katastrophengebieten eingesetzt, um schnelle Einschätzungen zu liefern, Rettungsaktionen zu koordinieren und die Auswirkungen von Naturkatastrophen zu dokumentieren. Sie können eine entscheidende Rolle bei der Unterstützung von Rettungskräften und humanitären Organisationen spielen. Schauen wir einmal, wie Drohnen in der Katastrophenbewältigung und - erkundung eingesetzt werden, um menschliches Leid zu minimieren.

Die fortgeschrittenen Nutzungsmöglichkeiten von Drohnen in diesem Kapitel zeigen, dass ihre Anwendungen nahezu grenzenlos sind. Von der Bildung bis zur Gesundheitsversorgung, von der Tierrettung bis zur Raumfahrt, von der Kunst bis zur Katastrophenbewältigung haben Drohnen das Potenzial, unseren Planeten in beispiellosen Dimensionen zu beeinflussen. Während wir diese vielfältigen Anwendungen erkunden, erwarten und bereits teilweise erleben wird klar, dass die Drohnentechnologie eine transformative Kraft ist, die eine positive Wirkung auf die verschiedensten Bereiche unseres Lebens haben kann.

Kapitel 5.2 – Landwirtschaftliche Anwendungen - Überwachung von Ernten und Feldern
Die Zukunft des Ackerbaus aus der Luft

Die moderne Landwirtschaft steht vor der Herausforderung, eine wachsende Weltbevölkerung zu ernähren und gleichzeitig nachhaltige Praktiken zu fördern. In diesem Kontext haben Drohnen eine bedeutende Rolle als innovative Werkzeuge für die Überwachung von Ernte und Feldern eingenommen. Mit ihrer Fähigkeit, präzise Daten aus der Luft zu sammeln, haben Drohnen die Art und Weise, wie Landwirte ihre Betriebe verwalten, revolutioniert.

Luftgestützte Präzision für optimale Erträge

Die Überwachung von Ernte und Feldern mit Drohnen ermöglicht eine präzisere Beurteilung des Anbauzustands. Drohnen können verschiedene Sensoren tragen, darunter multispektrale Kameras, Wärmebildkameras und Lidar, die Daten über die Gesundheit der Pflanzen, den Feuchtigkeitsgehalt des Bodens und andere wichtige Parameter liefern. Diese Daten ermöglichen es Landwirten, gezielte Maßnahmen zu ergreifen, um Ernteausfälle zu minimieren und Erträge zu maximieren.

Frühzeitige Erkennung von Problemen

Drohnen können frühzeitig Anzeichen von Stress oder Krankheiten in Pflanzen erkennen, die mit bloßem Auge schwer zu identifizieren sind. Durch regelmäßige Überflüge können Landwirte potenzielle Probleme in einem frühen Stadium erkennen und gezielte Lösungen wie Bewässerung, Düngung oder Pestizidanwendungen implementieren. Dies trägt nicht nur zur Verbesserung der Erntequalität bei, sondern minimiert auch den Einsatz von Ressourcen.

Präzise Kartierung und Planung

Drohnen bieten die Möglichkeit, präzise Karten von Feldern zu erstellen und Daten über Bodenbeschaffenheit, Topographie und Drainage zu sammeln. Diese Informationen unterstützen Landwirte bei der effizienten Planung von Anbauflächen, der Identifizierung von Gebieten mit hoher oder niedriger Bodenfruchtbarkeit und der Umsetzung von gezielten Anbaustrategien. Diese präzise Planung trägt zur Optimierung von Ressourcen bei und reduziert Umweltauswirkungen.

Echtzeit-Überwachung und Reaktion

Durch die Echtzeit-Überwachung von Ernte und Feldern können Landwirte schnell auf sich ändernde Bedingungen reagieren. Drohnenaufnahmen liefern aktuelle Informationen über den Zustand der Pflanzen, die Bodenfeuchtigkeit und andere Parameter. Diese Daten können direkt an mobile Endgeräte übertragen werden, sodass Landwirte sofortige Entscheidungen treffen können, um das beste Ergebnis zu erzielen.

Nachhaltigkeit und Ressourceneffizienz

Die Überwachung von Ernte und Feldern mit Drohnen trägt zur Förderung nachhaltiger Praktiken in der Landwirtschaft bei. Durch präzise Anwendung von Wasser, Düngemitteln und Pestiziden können Landwirte Ressourcen effizienter nutzen und Umweltauswirkungen minimieren. Diese gezielte Herangehensweise unterstützt nicht nur den landwirtschaftlichen Betrieb, sondern trägt auch zur Schonung der natürlichen Ressourcen bei.

Suche nach Rehkitzen - Prävention von Wildtierschäden

Drohnen werden eingesetzt, um Rehkitze in Feldern aufzuspüren, bevor landwirtschaftliche Maschinen sie gefährden könnten. Die Wärmebildkameras der Drohnen identifizieren die Wärmeabstrahlung der Tiere, sodass Landwirte geeignete Maßnahmen ergreifen können, um Kollisionen zu vermeiden und gleichzeitig Wildtierschäden zu minimieren.

Präzises Sprühen von Pestiziden - Effiziente Schädlingskontrolle

Drohnen können Pestizide präzise und gezielt auf betroffene Flächen sprühen. Diese präzise Anwendung minimiert den Pestizideinsatz und reduziert die Umweltauswirkungen. Durch die Fernsteuerung der Drohnen können Landwirte Schädlingsbekämpfungsmittel dort einsetzen, wo sie wirklich benötigt werden, und gleichzeitig den Kontakt mit gefährlichen Chemikalien minimieren.

Biologische Schädlingsbekämpfung - Das Abwerfen von Bieneneiern

Drohnen werden verwendet, um Bieneneier über landwirtschaftlichen Flächen zu verteilen, um Schädlinge wie Insektenlarven zu bekämpfen. Dieser Ansatz zur biologischen Schädlingsbekämpfung kann die Notwendigkeit chemischer Pestizide reduzieren und gleichzeitig die Biodiversität fördern.

Das Abwerfen von Bieneneiern als Teil der biologischen Schädlingsbekämpfung ist ein faszinierender Ansatz, der auf die natürlichen Instinkte von Bienen zur Eiablage abzielt. Dabei werden spezielle Kontrollkästen verwendet, um festzustellen, ob sich Schädlinge in der Ernte befinden. Ich erkläre nun, wie dieser Prozess funktioniert:

1. Schädlingsüberwachung
Landwirte installieren spezielle Kontrollkästen auf ihren Feldern, die als Köder für Schädlinge dienen. Diese Kästen locken Schädlinge an, da sie für sie einen geeigneten Lebensraum bieten. Die Kästen sind so konzipiert, dass sie den natürlichen Lebensbedingungen der Schädlinge ähneln.

2. Anlocken der Bienen
Die Kontrollkästen werden auch mit Bieneneiern gefüllt. Bienen haben den natürlichen Instinkt, ihre Eier in Nistplätzen abzulegen. Da die Kästen für die Schädlinge eine geeignete Umgebung bieten, wählen sie oft dieselben Kästen aus, um ihre Eier abzulegen.

3. Überwachung der Kästen
Die Landwirte überwachen regelmäßig die Kontrollkästen, um festzustellen, ob Schädlinge oder deren Larven darin gefunden wurden. Das Vorhandensein von Schädlingen deutet darauf hin, dass die Ernte möglicherweise von einem Schädlingsbefall bedroht ist.

4. Gezielte Maßnahmen
Wenn Schädlinge in den Kontrollkästen gefunden werden, können die Landwirte gezielte Maßnahmen ergreifen, um den Befall einzudämmen. Dies könnte das Abwerfen von Bieneneiern sein, um den Schädlingen natürliche Feinde wie Raubinsekten oder Parasiten entgegenzusetzen. Dadurch wird die Schädlingspopulation kontrolliert, ohne auf chemische Pestizide zurückgreifen zu müssen.

Insgesamt ermöglicht dieser Ansatz eine umweltfreundliche und nachhaltige Schädlingsbekämpfung, indem er auf die natürlichen Instinkte der Bienen und ihre Beziehung zu anderen Organismen im Ökosystem setzt. Durch die gezielte Überwachung der Kontrollkästen können Landwirte frühzeitig auf Schädlingsbefall reagieren und gleichzeitig die Biodiversität und ökologische Balance auf ihren Feldern fördern.

Effektive Schädlingsbekämpfung - Drohnen als Werkzeuge gegen Plagen

Drohnen bieten eine schnelle und effektive Möglichkeit, Schädlingspopulationen zu überwachen und zu bekämpfen. Durch regelmäßige Überflüge können Landwirte frühzeitig Anzeichen von Schädlingsbefall erkennen und geeignete Gegenmaßnahmen ergreifen. Die Flexibilität der Drohnentechnologie ermöglicht es, gezielt auf sich ändernde Bedingungen zu reagieren.

Vorzeitige Erntekontrolle - Optimierung der Ernteplanung

Drohnen ermöglichen es Landwirten, vorzeitig den Zustand ihrer Ernten zu überprüfen. Luftaufnahmen liefern detaillierte Informationen über den Reifegrad der Pflanzen, so dass Landwirte die Erntezeitpunkte besser planen können. Diese frühzeitige Kontrolle trägt zur Maximierung der Erträge bei und hilft, den Zeitpunkt der Ernte zu optimieren.

Die vielfältigen Anwendungen von Drohnen in der landwirtschaftlichen Überwachung zeigen deutlich, wie fortschrittliche Technologien dazu beitragen können, die Effizienz, Nachhaltigkeit und Erträge in der Landwirtschaft zu verbessern. Durch die Integration von Drohnentechnologie in landwirtschaftliche Prozesse können Landwirte präzise, zeitnahe und umweltfreundliche Entscheidungen treffen, um ihre Betriebe zu optimieren und gleichzeitig den natürlichen Ressourcen gerecht zu werden.

Zukunftsperspektiven - Die Agrarwirtschaft im Wandel durch Drohnen und KI

Die Zukunft der Agrarwirtschaft wird von bahnbrechenden Technologien wie Drohnen und künstlicher Intelligenz (KI) geprägt sein. Diese Technologien haben das Potenzial, die Art und Weise, wie wir Nahrungsmittel anbauen, ernten und verarbeiten, grundlegend zu verändern. Von der Optimierung von Ressourcen bis zur Steigerung der Erträge bieten Drohnen und KI in der Landwirtschaft zahlreiche Chancen, die wir im Folgenden genauer betrachten werden.

Drohnen und KI - Eine Symbiose für effizientere Landwirtschaft

Die Kombination von Drohnen und KI ermöglicht eine noch präzisere und effizientere Landwirtschaft. Drohnen können große landwirtschaftliche Flächen schnell überfliegen und umfangreiche Datensätze sammeln. Diese Daten können dann von KI-Systemen analysiert werden, um Muster und Zusammenhänge zu erkennen. Durch maschinelles Lernen können KI-Systeme beispielsweise Krankheiten oder Schädlingsbefall frühzeitig erkennen, den optimalen Zeitpunkt für die Bewässerung vorhersagen oder die ideale Verteilung von Düngemitteln empfehlen. Diese präzisen Empfehlungen ermöglichen es Landwirten, ihre Ressourcen gezielter einzusetzen und gleichzeitig den Ertrag zu steigern.

Die Obsoleszenz des Menschen - Automatisierung und Autonomie

Die fortschreitende Automatisierung und Autonomie von Drohnen und landwirtschaftlichen Maschinen könnten dazu führen, dass menschliche Eingriffe in der Agrarwirtschaft reduziert werden. Drohnen können autonom Felder überwachen, Daten sammeln und Analyseergebnisse generieren. KI-Systeme können Entscheidungen treffen, wie und wann Pflanzen behandelt werden müssen. Dieser technologische Fortschritt kann die Abhängigkeit von manuellen Eingriffen verringern und gleichzeitig die Effizienz steigern.

Kostenreduktion für Bauern - Präzise Ressourcenallokation

Die Nutzung von Drohnen und KI kann die Kosten für Landwirte erheblich reduzieren. Durch präzise Ressourcenallokation, wie beispielsweise die gezielte Anwendung von Düngemitteln oder Pestiziden, können Landwirte die Menge der verwendeten Materialien minimieren und gleichzeitig die Erträge maximieren. Dies trägt nicht nur zur Rentabilität der Betriebe bei, sondern verringert auch den Einsatz von chemischen Stoffen und schont die Umwelt.

Nachhaltigkeit und Qualitätskontrolle - Minimierung von Umweltauswirkungen

Die Kombination von Drohnen und KI ermöglicht eine nachhaltigere Landwirtschaft. Die präzise Anwendung von Ressourcen reduziert den Einsatz von Chemikalien und minimiert die Umweltauswirkungen. Die Überwachung und Analyse von Daten ermöglicht es, Umweltveränderungen frühzeitig zu erkennen und entsprechende Maßnahmen zu ergreifen. Gleichzeitig kann die Qualitätskontrolle verbessert werden, indem Krankheiten oder Schädlingsbefall frühzeitig erkannt und bekämpft werden.

Steigerung der Nahrungsmittelproduktion - Mehr mit weniger erreichen

Die Kombination von Drohnen und KI hat das Potenzial, die Nahrungsmittelproduktion zu steigern und gleichzeitig die Landnutzung zu optimieren. Durch präzise Anwendungen können Erträge maximiert und Verluste minimiert werden. Die rechtzeitige Erkennung von Herausforderungen ermöglicht es Landwirten, schnell auf Veränderungen zu reagieren und die Auswirkungen auf die Ernte zu minimieren. Dieser Fortschritt in der Landwirtschaftstechnologie wird eine entscheidende Rolle dabei spielen, die wachsende Weltbevölkerung zu ernähren.

Insgesamt wird die Integration von Drohnen und KI die Landwirtschaft in eine Ära des Fortschritts und der Innovation führen. Während der Mensch in einigen Aspekten möglicherweise obsolet wird, eröffnen sich gleichzeitig völlig neue Möglichkeiten, um nachhaltigere, effizientere und ertragreichere landwirtschaftliche Praktiken zu etablieren. Die Kombination von Mensch und Technologie wird die Agrarwirtschaft der Zukunft gestalten und dazu beitragen, die drängenden Herausforderungen der Nahrungsmittelproduktion anzugehen.

Kapitel 5.3 – Umweltschutz und Naturschutz

Die Symbiose von Drohnentechnologie und Naturschutz –
Neue Horizonte für die Bewahrung der Natur

Die Verbindung von Drohnentechnologie und Naturschutz eröffnet ein faszinierendes Kapitel in der Bewahrung unserer natürlichen Welt. In diesem umfassenden Abschnitt werden wir die facettenreichen Möglichkeiten erkunden, wie Drohnen dazu beitragen, fragile Ökosysteme zu überwachen, Artenvielfalt zu schützen und die Erhaltung der Natur in eine Ära des technologischen Fortschritts zu führen.

Drohnen in den Diensten des Naturschutzes

Der Einsatz von Drohnen im Naturschutz stellt eine bemerkenswerte Allianz zwischen Technologie und Umweltschutz dar. Drohnen bieten die Möglichkeit, bisher unzugängliche Bereiche zu erreichen und umfassende Datensätze über Lebensräume, Tierbewegungen und Umweltauswirkungen zu sammeln, ohne die sensiblen Ökosysteme zu stören.

Wildtierüberwachung und Schutz gefährdeter Arten

Die Luftüberwachung durch Drohnen ermöglicht die präzise Überwachung von Wildtieren in ihrem natürlichen Lebensraum. Wissenschaftler und Naturschützer können Daten über Tiermigration, Verhaltensmuster und Brutstätten sammeln. Diese Informationen sind von entscheidender Bedeutung, um Schutzmaßnahmen für gefährdete Arten zu entwickeln und ihre Überlebenschancen zu erhöhen.

Erforschung von Lebensräumen und Biodiversität

Drohnen eröffnen die Möglichkeit, Lebensräume aus der Vogelperspektive zu analysieren und Veränderungen frühzeitig zu erkennen. Von der Überwachung von Wäldern bis zur Untersuchung von Korallenriffen liefern Drohnen hochauflösende Daten, die zur Entwicklung von Strategien zur Erhaltung von Ökosystemen beitragen.

Umweltüberwachung und Bekämpfung von Verschmutzung

Drohnen sind wertvolle Werkzeuge zur Identifizierung und Überwachung von Umweltverschmutzung. Sie können Ölverschmutzungen auf Wasserflächen erkennen, die Luftqualität analysieren und illegal abgelagerten Müll aufspüren. Durch die frühzeitige Identifizierung von Umweltverschmutzungen können schnelle Gegenmaßnahmen ergriffen werden, um die Schäden zu minimieren.

Bekämpfung invasiver Arten und Renaturierung

Drohnen unterstützen die Bekämpfung invasiver Pflanzen- und Tierarten. Sie können gezielt Pflanzensamen verteilen, um die Ausbreitung invasiver Arten zu hemmen. Darüber hinaus sind sie Instrumente zur Überwachung von Renaturierungsprojekten nach Naturkatastrophen, um Ökosysteme wiederherzustellen und ihre natürlichen Funktionen zu stärken.

Drohnen als Wächter der Wildnis - Einblicke in Naturschutzgebiete

Die Fähigkeit von Drohnen, nahezu jeden Winkel der Erde zu erreichen, hat zu einer Revolution im Naturschutz geführt. Von entlegenen Berggipfeln bis zu weit entfernten Küstenabschnitten ermöglichen Drohnen den Zugang zu Gebieten, die einst schwer zugänglich waren. Die hochauflösenden Kameras und Sensoren an Bord von Drohnen ermöglichen eine umfassende Überwachung von Naturschutzgebieten, wodurch Forscher und Naturschützer wichtige Daten über Tierbewegungen, Habitatausdehnungen und Veränderungen in Echtzeit erhalten.

Erhaltung gefährdeter Arten - Die Rolle der Technologie

Drohnen spielen eine kritische Rolle im Schutz gefährdeter Arten. Indem sie den Lebensraum dieser Tiere aus der Vogelperspektive überwachen, können Forscher Verhaltensmuster analysieren, Brutstätten identifizieren und Informationen über den Zustand von Populationen sammeln. Diese Erkenntnisse sind von unschätzbarem Wert, um gezielte Maßnahmen zur Erhaltung und Wiederherstellung von Artenvielfalt zu entwickeln.

Erfassung von Lebensräumen - Die Weitsicht der Drohnen

Drohnen eröffnen eine völlig neue Dimension in der Erforschung und Überwachung von Lebensräumen. Durch hochauflösende Bildgebung und 3D-Kartierung können Drohnen detaillierte Karten erstellen und Veränderungen in Ökosystemen über die Zeit verfolgen. Dieses Wissen ist nicht nur von unschätzbarem Wert für die Wissenschaft, sondern auch für die Gestaltung von Schutzmaßnahmen und nachhaltigen Entwicklungsstrategien.

Bewahrung des ökologischen Gleichgewichts - Die Drohne als Wächter

Das ökologische Gleichgewicht ist von entscheidender Bedeutung für die Gesundheit unserer Planeten. Drohnen spielen eine Rolle als Wächter dieses Gleichgewichts, indem sie Frühwarnsignale für Veränderungen liefern. Durch die Überwachung von Veränderungen in Flüssen, Wäldern und Ozeanen können Drohnen helfen, Umweltschäden und -verschmutzung frühzeitig zu erkennen und somit die Notwendigkeit dringender Maßnahmen unterstreichen.

Technologische Wunder und Hüter der Umwelt - Die Synthese

Die Vorstellung von Drohnen als technologische Wunder und gleichzeitig als Hüter der Umwelt ist faszinierend. Drohnen verkörpern die Allianz von Fortschritt und Nachhaltigkeit. Sie bringen unsere Fähigkeiten zur Überwachung, Forschung und Rettung auf eine völlig neue Ebene. Als technologische Wunder ermöglichen sie die Erkundung und Erfassung von Daten in einem Ausmaß, das zuvor undenkbar war. Gleichzeitig sind sie Hüter der Umwelt, die eine globale Gemeinschaft anregen, sich für die Bewahrung der Natur einzusetzen und die drohende Bedrohung durch Umweltprobleme anzugehen.

Die Kraft der Synthese - Technologie, Umweltschutz und Zukunft

Die Integration von Drohnentechnologie in den Naturschutz zeigt, wie Technologie zum Motor für positive Veränderungen werden kann. Die Überwachung von Ökosystemen, der Schutz gefährdeter Arten und die Bewahrung des ökologischen Gleichgewichts sind nur einige der Schlüsselaspekte, in denen Drohnen als Partner im Naturschutz agieren. Die Vision von einer nachhaltigen und harmonischen Coexistenz von Mensch und Natur wird durch die Synergie von Technologie und Umweltschutz weiter verstärkt.

Katastrophenschutz und Wiederherstellung von Ökosystemen

In Katastrophensituationen spielen Drohnen eine entscheidende Rolle bei der schnellen Schadensbewertung und Rettungsmaßnahmen. Sie liefern Echtzeitdaten, die dabei helfen, Maßnahmen zu koordinieren und die Wiederherstellung von Ökosystemen nach Naturkatastrophen zu überwachen.

Die Zukunft des Naturschutzes - Drohnen als Bewahrer der Umwelt

Die Integration von Drohnen in den Naturschutz verheißt eine zukünftige Ära des umfassenden und präzisen Umweltschutzes. Fortschritte in KI und Datenanalyse machen Drohnen noch leistungsfähiger in der Sammlung und Interpretation von Umweltdaten. Diese Entwicklung bietet die Chance, die natürlichen Lebensräume zu schützen, Artenvielfalt zu bewahren und das ökologische Gleichgewicht zu wahren.

Drohnen sind nicht nur technologische Wunder, sondern auch Hüter unserer Umwelt. Sie fördern das Bewusstsein für Umweltprobleme und setzen sich für den Schutz von Lebensräumen und Artenvielfalt ein. Diese Synthese aus Technologie und Naturschutz verspricht eine vielversprechende Zukunft, in der Innovation und Bewahrung Hand in Hand gehen, um unsere kostbare Natur für kommende Generationen zu erhalten.

Kapitel 5.4 – Lieferdienste und Logistik mit Drohnen

Die Flugbahnen der Zukunft – Drohnen als Pioniere der Lieferkette

In diesem Kapitel werden wir in die faszinierende Welt der Drohnenlogistik eintauchen, in der Technologie die Grenzen der herkömmlichen Lieferketten sprengt. Wir werden die aufregenden Möglichkeiten erforschen, wie Drohnen den Handel revolutionieren, den Lieferprozess optimieren und die letzte Meile der Zustellung neu definieren. Dieses Kapitel nimmt uns mit auf eine Reise durch innovative Konzepte, technologische Herausforderungen und die vielversprechende Zukunft der Lieferdienste.

Drohnen in der Lieferkette - Eine neue Ära

Die Integration von Drohnen in die Lieferkette markiert einen Wendepunkt im Handel. Drohnen können Lieferungen schneller und effizienter überwinden und somit die Lieferzeiten drastisch verkürzen. Diese Technologie hat das Potenzial, die Art und Weise, wie Waren transportiert und zugestellt werden, zu revolutionieren und die gesamte Lieferkette zu optimieren.

Die Herausforderungen der Drohnenlogistik

Die Umsetzung von Drohnenlieferdiensten bringt eine Vielzahl von Herausforderungen mit sich, von technischen Aspekten wie Flugstabilität und Navigation bis hin zu regulatorischen und sicherheitsrelevanten Bedenken. Wie Drohnen Hindernissen ausweichen, sich in urbanen Umgebungen bewegen und gleichzeitig die Sicherheit von Menschen und Gütern gewährleisten können, sind zentrale Fragen, die es zu lösen gilt.

Drohnenlogistik in urbanen Umgebungen

In städtischen Gebieten können Drohnenlieferdienste dazu beitragen, den Verkehr auf den Straßen zu reduzieren und den Zustellprozess zu beschleunigen. Durch den Einsatz von Drohnen können Lieferungen in dicht besiedelten Gebieten schneller erfolgen, was wiederum die Effizienz der gesamten Lieferkette erhöht.

Die letzte Meile neu definiert - Drohnen und die Zustellung

Die sogenannte "letzte Meile" der Zustellung ist oft der kritischste und teuerste Teil der Lieferkette. Drohnen haben das Potenzial, diese Hürde zu überwinden, indem sie Waren direkt an die Haustür der Kunden liefern. Dies verbessert nicht nur die Kundenzufriedenheit, sondern reduziert auch die Lieferkosten erheblich.

Regulatorische und ethische Aspekte der Drohnenlogistik

Die Einführung von Drohnenlieferdiensten erfordert eine enge Zusammenarbeit zwischen Technologieunternehmen, Regulierungsbehörden und der Gesellschaft. Fragen zur Luftraumnutzung, Datenschutz und Sicherheit müssen sorgfältig abgewogen werden, um einen reibungslosen Betrieb zu gewährleisten und Bedenken zu adressieren.

Effizienz und Nachhaltigkeit - Drohnen als Wegbereiter

Die Einbindung von Drohnen in die Lieferkette trägt nicht nur zur Beschleunigung des Zustellprozesses bei, sondern kann auch einen erheblichen Beitrag zur Nachhaltigkeit leisten. Durch die Verwendung von Drohnen anstelle von traditionellen Lieferfahrzeugen können die CO_2-Emissionen reduziert werden, was sich positiv auf die Umwelt auswirkt. Dies ist von besonderer Bedeutung, da die Notwendigkeit, die Auswirkungen des Klimawandels einzudämmen, immer dringlicher wird.

Herausforderungen und Lösungen im urbanen Raum

Die Nutzung von Drohnen in dicht besiedelten städtischen Gebieten bringt einzigartige Herausforderungen mit sich. Die Navigation durch enge Straßen, das Vermeiden von Hindernissen und die Minimierung von Lärmbelästigung sind entscheidende Aspekte, die berücksichtigt werden müssen. Hier kommen fortschrittliche Sensortechnologien, KI-gesteuerte Routenplanung und innovative Landeplattformen ins Spiel, die speziell für den Einsatz in urbanen Umgebungen entwickelt werden.

Die Rolle der künstlichen Intelligenz

Die Integration von künstlicher Intelligenz (KI) in Drohnenlogistik-Systeme erweitert die Fähigkeiten dieser Technologie exponentiell. KI kann genaue Prognosen für Wetterbedingungen, Verkehrsaufkommen und Kundenpräferenzen erstellen, um optimierte Lieferpläne zu entwickeln. Sie ermöglicht auch die Erkennung von Hindernissen in Echtzeit und die Anpassung der Flugrouten zur Vermeidung von Gefahren.

Sicherheit und Datenschutz in der Drohnenlogistik

Die Sicherheit von Menschen und Eigentum hat oberste Priorität bei der Entwicklung von Drohnenlieferdiensten. Flugkontrollsysteme, automatische Notfallmanöver und Kommunikation mit Fluglotsen sind entscheidende Elemente, um den sicheren Betrieb von Drohnen im Luftraum zu gewährleisten. Gleichzeitig ist der Schutz von Kunden- und Unternehmensdaten von größter Bedeutung, da die Integration von IoT-Technologien und Echtzeit-Tracking neue Datensicherheitsanforderungen mit sich bringt.

Die soziale Akzeptanz von Drohnenlieferungen

Die Akzeptanz von Drohnenlieferungen durch die Gesellschaft spielt eine wichtige Rolle in der erfolgreichen Implementierung. Der Informationsaustausch und die Aufklärung der Öffentlichkeit über die Vorteile, Sicherheitsvorkehrungen und den positiven Einfluss auf den Verkehr und die Umwelt sind entscheidend, um Bedenken zu minimieren und die Unterstützung der Gemeinschaft zu gewinnen.

Von der Innovation zur Realität - Der Weg nach vorn

Die Umsetzung von Drohnenlieferdiensten ist ein evolutionärer Prozess, der eine enge Zusammenarbeit zwischen Technologieunternehmen, Regulierungsbehörden, Logistikunternehmen und der Gesellschaft erfordert. Die kontinuierliche Weiterentwicklung von Drohnentechnologie, Logistik- und Routenplanungsalgorithmen sowie die Verbesserung der Sicherheitsstandards werden den Weg für eine breitere Einführung von Drohnenlieferungen ebnen.

Die Integration von Drohnen in die Lieferkette ist nicht nur ein technologischer Fortschritt, sondern auch eine Verschiebung in der Art und Weise, wie Waren in unserer globalisierten Welt bewegt werden. Mit dem Potenzial, die Lieferzeiten zu verkürzen, Verkehrsstaus zu reduzieren und die Umweltbelastung zu minimieren, öffnet die Drohnenlogistik Tür und Tor für eine neue Ära des Handels. Während Herausforderungen und Regulierungshürden noch überwunden werden müssen, bleibt die Zukunft der Lieferdienste mit Drohnen eine aufregende Reise in eine effiziente und nachhaltige Zukunft.

Die ökologische Dimension - Drohnen als nachhaltige Alternative

Ein zentrales Element der Drohnenlogistik, das nicht nur technologische Innovation verkörpert, sondern auch ein Versprechen für die Umwelt darstellt, ist die Nachhaltigkeit. Drohnenbetrieb setzt auf fortschrittliche Akkutechnologien, die im Vergleich zu traditionellen Verbrennungsmotoren erheblich umweltfreundlicher sind. Die Verwendung von Akkus reduziert die Emission von schädlichen Abgasen, die den Verkehr mit Verbrennungsmotoren kennzeichnen, und hinterlässt somit eine geringere ökologische Fußspur.

Die Umstellung auf batteriebetriebene Systeme stellt einen bedeutenden Schritt in Richtung umweltfreundlicher Transportoptionen dar. Während Fahrzeuge mit Verbrennungsmotoren in städtischen Gebieten oft mit Luftverschmutzung und Lärm in Verbindung gebracht werden, bieten Drohnen eine reine und geräuscharme Alternative. Dies wirkt sich nicht nur positiv auf die städtische Umweltqualität aus, sondern reduziert auch den negativen Einfluss auf die Tierwelt und menschliche Gesundheit.

Die Energieeffizienz von batteriebetriebenen Drohnen ist ein weiterer Pluspunkt, der für ihre Nachhaltigkeit spricht. Im Vergleich zu herkömmlichen Fahrzeugen sind Drohnen aufgrund ihrer geringen Größe und ihres geringeren Gewichts in der Lage, Energie effizienter zu nutzen. Dies trägt zur Reduzierung des Energieverbrauchs und der damit verbundenen CO_2-Emissionen bei und unterstützt somit die globalen Bemühungen zur Bekämpfung des Klimawandels.

Ein Aspekt, der die Umweltfreundlichkeit von Drohnen noch weiter unterstreicht, ist ihre Fähigkeit zur Nutzung erneuerbarer Energiequellen. Solarenergie oder andere erneuerbare Energien können als Hauptquelle für die Aufladung der Drohnenbatterien dienen. Dieser Ansatz zielt darauf ab, die Abhängigkeit von nicht erneuerbaren Energiequellen zu verringern und den CO_2-Fußabdruck weiter zu reduzieren.

Die Kombination aus fortschrittlicher Akkutechnologie, geräuscharmem Betrieb und der Potenzialnutzung erneuerbarer Energiequellen macht Drohnen zu einer vielversprechenden Option im Bestreben, umweltfreundliche und nachhaltige Lieferdienste zu etablieren. In Zeiten steigender Umweltbewusstheit und einer zunehmenden Notwendigkeit, den Klimawandel einzudämmen, stellen Drohnen eine bahnbrechende Entwicklung dar, die die Zukunft des Handels nicht nur effizienter, sondern auch umweltfreundlicher gestaltet.

Die Zukunft der Drohnenlogistik - Vision und Potenzial

Die Zukunft der Drohnenlogistik ist geprägt von Visionen, die weit über den aktuellen Zustand hinausgehen. Von autonomen Drohnen, die selbstständig Pakete abholen und zustellen, bis hin zu vertikalen Start- und Landeplattformen in städtischen Gebieten - die Möglichkeiten sind grenzenlos. Die Entwicklung von Drohnen als unverzichtbare Akteure in der Lieferkette verspricht eine Zukunft, in der Lieferungen schneller, effizienter und nachhaltiger werden.

Die Verschmelzung von Drohnentechnologie und Lieferdiensten prägt eine Ära der Innovation und Veränderung. Drohnen haben das Potenzial, die Art und Weise, wie Waren bewegt werden, grundlegend zu transformieren und dabei die Lieferzeiten zu verkürzen. Während technologische und regulatorische Herausforderungen noch bewältigt werden müssen, weist die Zukunft der Drohnenlogistik auf eine aufregende Zeit des Wandels in der Handelswelt hin. Wir dürfen gespannt sein!

Kapitel -6-

Zukunftsperspektiven mit Drohnen – Innovation und Ethik

Die aufregende Reise in eine Ära der Möglichkeiten und Verantwortung

Dieses Kapitel widmet sich den faszinierenden Aussichten, die die Zukunft mit Drohnentechnologie bereithält. Es beleuchtet die innovativen Wege, auf denen Drohnen verschiedene Branchen und Lebensbereiche beeinflussen werden, während gleichzeitig ethische Überlegungen und gesellschaftliche Verantwortung berücksichtigt werden. Tauchen wir ein in die Welt der sich entfaltenden Möglichkeiten, die Drohnen für uns alle bringen könnten.

Kapitel 6.1 – Zukunftsperspektiven

Visionen jenseits der Vorstellungskraft

Die Zukunftsperspektiven im Zusammenhang mit Drohnentechnologie versetzen uns in eine Ära, die von Innovationen und Möglichkeiten geprägt ist, die unsere gegenwärtige Vorstellungskraft übersteigen. Während die bisherigen Kapitel verschiedene Anwendungen und Nutzen beleuchtet haben, eröffnen sich in diesem Abschnitt visionäre Horizonte, die unser Verständnis von Drohnen revolutionieren könnten.

Die Fusion von Drohnen und KI - Intelligenz am Himmel

Die Integration von künstlicher Intelligenz (KI) in Drohnensysteme eröffnet ein Universum an Möglichkeiten. KI-gesteuerte Drohnen könnten nicht nur eigenständig komplexe Aufgaben ausführen, sondern auch Entscheidungen treffen, die auf Echtzeitdaten basieren. Dies könnte von autonomen Inspektionsflügen bis hin zur Vorhersage von Verkehrsflüssen reichen und somit eine Ära der Effizienz und Genauigkeit einleiten.

Kollaborative Schwärme - Das Potenzial von Teamarbeit

Die Idee von Drohnenschwärmen, die synchron arbeiten, um gemeinsame Aufgaben zu bewältigen, könnte die Grenzen der Skalierbarkeit und Effektivität erweitern. Diese Schwärme könnten in Katastrophengebieten eingesetzt werden, um Rettungsmissionen durchzuführen, oder in der Landwirtschaft, um Felder effizient zu bewirtschaften. Die Zusammenarbeit von Drohnen in der Luft könnte eine völlig neue Dimension der Technologieentwicklung eröffnen.

Der Himmel als Infrastruktur - Drohnen als Transportnetzwerk

Stellen Sie sich vor, Drohnen übernehmen die Rolle von fliegenden Verkehrswegen und Infrastrukturen. Dies könnte nicht nur den Personen- und Güterverkehr beschleunigen, sondern auch die architektonische Gestaltung der Städte grundlegend verändern. Drohnen könnten als Transportmittel zwischen Gebäuden dienen und so die räumliche Nutzung in urbanen Umgebungen revolutionieren.

Die Verschmelzung der Sinne - Multisensorik und Wahrnehmung

Zukünftige Drohnen könnten mit einer Vielzahl von Sensoren ausgestattet sein, die es ihnen ermöglichen, die Welt um sie herum in bisher ungeahnter Weise wahrzunehmen. Von der Identifizierung von Gerüchen bis hin zur Erkennung von Schallwellen könnten Drohnen in der Lage sein, vielschichtige Daten zu sammeln und daraus ein umfassendes Bild ihrer Umgebung zu erstellen. Dies könnte sowohl in wissenschaftlichen als auch in praktischen Anwendungen eine bahnbrechende Rolle spielen.

Der Mensch als Navigator - Drohnen als Erweiterung des Individuums

Die Zukunft könnte auch eine Symbiose zwischen Mensch und Maschine in Form von Drohnen bringen. Indem Drohnen als Erweiterung unserer Sinne und Fähigkeiten fungieren, könnten sie uns in bisher ungeahnte Welten führen. Ob zur Erforschung der Tiefen des Ozeans (Unterwasserdrohnen) oder der Weiten des Weltraums - Drohnen könnten die Grenzen der menschlichen Erfahrung erweitern.

Die Zukunftsperspektiven mit Drohnen sind geprägt von Visionen, die unsere aktuelle Vorstellungskraft überschreiten. Diese aufregende Reise in die unbekannten Tiefen der Technologie wird nicht nur die Art und Weise, wie wir leben und arbeiten, transformieren, sondern auch neue Horizonte der Kreativität, Innovation und Entdeckung eröffnen. Während wir in diese Zukunft eintreten, ist es unsere Neugier und unser Verantwortungsbewusstsein, die uns leiten werden, um sicherzustellen, dass diese Ära der Möglichkeiten für das Wohl der Menschheit genutzt wird.

Innovationskaskade - Die Drohnentechnologie in der Zukunft

Die fortschreitende Entwicklung der Drohnentechnologie wird womöglich eine Kaskade von Innovationen auslösen, die unser Verständnis von Technologie, Gesellschaft und sogar Menschlichkeit selbst verändern könnten. Ein aufregendes Zukunftsszenario umfasst den Einsatz von Drohnen in der Raumfahrtindustrie. Drohnen könnten als Erkundungswerkzeuge dienen, um ferne Planeten und Himmelskörper zu erforschen, Daten zu sammeln und wissenschaftliche Erkenntnisse zu gewinnen, die bisher unzugänglich waren.

In der Unterhaltungsbranche könnten Drohnen zu den Hauptdarstellern in atemberaubenden Live-Shows werden. Mit spektakulären Lichteffekten, Bewegungen in der Luft und einer nahezu choreographierten Performance könnten Drohnenshows die Grenzen der Vorstellungskraft sprengen und das Publikum in eine neue Ära der visuellen Unterhaltung führen.

Die Kombination von Drohnen mit Virtual-Reality-Technologie könnte auch die Art und Weise verändern, wie wir reisen und fremde Welten erkunden. Mithilfe von VR-Headsets könnten wir uns buchstäblich in die Perspektive einer Drohne versetzen und die Schönheit und Wunder ferner Orte erkunden, ohne unser Zuhause zu verlassen.

Eine weitere aufregende Möglichkeit ist die Nutzung von Drohnen in der Bildung. Drohnen könnten als interaktive Lehrmittel eingesetzt werden, um Schülerinnen und Schülern realistische Einblicke in wissenschaftliche Konzepte, Geografie und Geschichte zu ermöglichen. Dies könnte das Lernen auf ein völlig neues Niveau heben und Schülern eine immersive und aufregende Bildungserfahrung bieten.

Während wir uns in eine Ära der technologischen Wunder bewegen, müssen wir auch die ethischen und gesellschaftlichen Auswirkungen dieser Entwicklungen in Betracht ziehen. Die Automatisierung von Arbeitsprozessen durch Drohnen könnte zu einer Verschiebung auf dem Arbeitsmarkt führen, was die Notwendigkeit von Umschulung und Bildung für die Zukunft betont. Datenschutz und Privatsphäre werden ebenfalls wichtige Themen sein, da Drohnen in der Lage sind, umfassende Daten über unsere Umgebung zu sammeln.

Um diese Zukunftsperspektiven erfolgreich zu gestalten, ist es unerlässlich, dass Wissenschaftler, Ingenieure, Regulierungsbehörden und die Gesellschaft als Ganzes eng zusammenarbeiten. Die Entwicklung von klaren Richtlinien, Gesetzen und ethischen Standards wird eine entscheidende Rolle spielen, um sicherzustellen, dass die Innovationen, die Drohnen bringen, das Wohl der Menschheit und unserer Umwelt fördern.

Insgesamt sind die Zukunftsperspektiven mit Drohnen eine faszinierende Reise in eine Welt der unbegrenzten Möglichkeiten. Die Visionen, die wir in diesem Kapitel erkunden, könnten unser Leben, unsere Gesellschaft und unsere Wahrnehmung grundlegend verändern. Während wir uns auf diese aufregende Reise begeben, ist es unsere Verantwortung, die Chancen klug zu nutzen, die Herausforderungen anzunehmen und sicherzustellen, dass die Ära der Drohnentechnologie eine Ära des Fortschritts, der Ethik und der Menschlichkeit ist.

Neue Horizonte - Die Synergie von Drohnen und KI

Die Kombination von Drohnen und künstlicher Intelligenz eröffnet eine Welt der Innovationen, die nicht nur technologische Fortschritte, sondern auch grundlegende Veränderungen in der Art und Weise, wie wir die Welt sehen, ermöglichen könnten. Drohnen könnten in der Lage sein, komplexe Muster in Daten zu erkennen, aus Erfahrungen zu lernen und autonome Entscheidungen zu treffen. Diese Fähigkeiten könnten in zahlreichen Bereichen Anwendung finden - von der Verkehrsregelung bis hin zur Umweltüberwachung.

In der Gesundheitsbranche könnten Drohnen und KI in der Diagnose und Behandlung von Krankheiten eine Schlüsselrolle spielen. Drohnen könnten beispielsweise mit medizinischer Ausrüstung ausgestattet werden, um entfernte oder schwer zugängliche Gebiete zu erreichen und medizinische Versorgung zu bieten. KI könnte dabei helfen, medizinische Bilder zu analysieren und genaue Diagnosen zu stellen, wodurch der Zugang zur Gesundheitsversorgung erweitert und verbessert würde.

Die Verbindung von Drohnen und KI könnte auch in der Landwirtschaft revolutionäre Veränderungen bringen. Drohnen könnten autonom landwirtschaftliche Flächen überwachen und datengesteuerte Entscheidungen treffen, um Bewässerung, Düngung und Ernte zu optimieren. Dies könnte nicht nur die Effizienz steigern, sondern auch den Ressourcenverbrauch minimieren und somit zu einer nachhaltigeren Landwirtschaft beitragen.

Die zunehmende Integration von Drohnen und KI könnte auch die Grenzen der Bildung erweitern. Drohnen könnten als interaktive Lehrmittel genutzt werden, um Schülern praktische Erfahrungen in wissenschaftlichen Konzepten zu vermitteln. Mit virtuellen Experimenten und realen Anwendungsbeispielen könnten Schüler ein tieferes Verständnis für naturwissenschaftliche Fächer entwickeln und sich besser auf zukünftige Berufe vorbereiten.

Allerdings bringt die Verschmelzung von Drohnen und KI auch ethische Herausforderungen mit sich. Die Frage nach der Verantwortung bei autonomer Entscheidungsfindung und die Sicherheit von Daten, die von Drohnen und KI gesammelt werden, sind von entscheidender Bedeutung. Die Gestaltung von klaren rechtlichen Rahmenbedingungen und ethischen Richtlinien wird entscheidend sein, um sicherzustellen, dass die Vorteile dieser Technologien ohne negative Auswirkungen genutzt werden können.

In einer Welt, in der Drohnen und KI eine immer wichtigere Rolle spielen, ist es unerlässlich, dass wir diese Entwicklungen mit Vorsicht und Verantwortung angehen. Die Synergie dieser Technologien bietet erstaunliche Möglichkeiten, die unsere Gesellschaft, Wirtschaft und Lebensweise verändern könnten. Es liegt an uns, diese Chancen zu ergreifen, die Herausforderungen zu bewältigen und sicherzustellen, dass die Zukunft, die wir gestalten, von Wohlstand, Ethik und Fortschritt geprägt ist.

Die KI-Revolution in der Drohnentechnologie

Die Rolle der künstlichen Intelligenz (KI) in der Drohnentechnologie ist eine der spannendsten Entwicklungen, die die Zukunft bereithält. KI kann als Gehirn der Drohne betrachtet werden - sie verleiht den Maschinen die Fähigkeit, Daten zu verarbeiten, Muster zu erkennen, zu lernen und Entscheidungen zu treffen. Diese Fortschritte in der KI werden die Art und Weise, wie Drohnen verwendet werden, fundamental verändern.

Durch die Integration von KI können Drohnen autonomer agieren und anspruchsvollere Aufgaben bewältigen. Bilderkennungsalgorithmen könnten es Drohnen ermöglichen, spezifische Objekte oder Personen in Echtzeit zu identifizieren, was von großem Nutzen in Bereichen wie Suche und Rettung, Sicherheit und Überwachung sein könnte. KI-gesteuerte Drohnen könnten auch in der Lage sein, sich an unterschiedliche Umgebungen anzupassen und flexibel auf unvorhergesehene Situationen zu reagieren.

Ein weiterer entscheidender Bereich, in dem KI die Drohnentechnologie vorantreiben wird, ist die Navigation. Fortschrittliche Algorithmen könnten es Drohnen ermöglichen, sich in komplexen Umgebungen zu bewegen, Hindernisse zu erkennen und zu vermeiden sowie sich präzise zu positionieren. Dies könnte den Einsatz von Drohnen in Innenräumen, urbanen Gebieten oder engen Räumen erheblich verbessern.

Ein aufregender Aspekt ist die Möglichkeit, Schwärme von Drohnen zu steuern. KI könnte es Drohnen ermöglichen, miteinander zu kommunizieren und koordinierte Aktionen durchzuführen. Diese Schwärme könnten in einer Vielzahl von Anwendungen eingesetzt werden, von der Kartierung großer Gebiete bis hin zur Durchführung komplexer Inspektionsaufgaben in kurzer Zeit.

Die Kombination von Drohnen und KI eröffnet auch neue Möglichkeiten in der Datenerfassung und -analyse. Drohnen könnten große Datenmengen sammeln und KI-Algorithmen könnten diese Daten analysieren, um Muster zu identifizieren, Vorhersagen zu treffen und Einblicke zu gewinnen. In der Umweltüberwachung könnten Drohnen und KI beispielsweise dazu beitragen, Umweltveränderungen zu verfolgen und Frühwarnsysteme für Naturkatastrophen zu entwickeln.

Der Fortschritt in der KI wird auch die Erforschung und Entwicklung neuer Drohnentechnologien beschleunigen. KI-Algorithmen könnten genutzt werden, um Drohnen effizienter zu entwerfen, Testläufe zu simulieren und mögliche Schwachstellen zu identifizieren. Dies könnte dazu beitragen, die Entwicklungszeit zu verkürzen und sicherzustellen, dass Drohnen auf dem neuesten Stand der Technik sind.

Insgesamt wird die Integration von KI die Drohnentechnologie in eine Ära der Intelligenz und Autonomie führen. Die Fähigkeit von Drohnen, eigenständig zu lernen, zu entscheiden und zu handeln, wird sie zu vielseitigen Werkzeugen machen, die in zahlreichen Anwendungen einen erheblichen Mehrwert bieten. Während wir uns auf diese Zukunft vorbereiten, ist es wichtig, die ethischen und rechtlichen Aspekte zu berücksichtigen, um sicherzustellen, dass KI-gesteuerte Drohnen in einer Weise eingesetzt werden, die sowohl den Fortschritt als auch die Menschheit respektiert.

Die Zukunft der Drohnentechnologie - Visionen und Errungenschaften

Die Zukunft der Drohnentechnologie verspricht eine aufregende Reise in eine Ära der Innovationen, die unsere heutigen Vorstellungen weit übertreffen könnten. Die rasante Entwicklung von Drohnen und ihrer Technologie öffnet eine Vielzahl von Möglichkeiten, die unser tägliches Leben, die Wirtschaft und die Gesellschaft in bisher ungeahnter Weise beeinflussen würden.

Eine wichtige Richtung, die sich in der Zukunft abzeichnet, ist die weitere Miniaturisierung und Anpassung von Drohnen. Immer kompaktere Drohnen mit fortschrittlichen Sensoren und leistungsfähigen Prozessoren könnten in Bereichen wie medizinischer Versorgung, Katastrophenhilfe und Erkundung eingesetzt werden, wo Zugang und Manövrierfähigkeit von entscheidender Bedeutung sind.

Ein weiteres Schlüsselmerkmal der zukünftigen Drohnentechnologie ist die verbesserte Energieeffizienz und Akkulaufzeit. Fortschritte in der Batterietechnologie könnten Drohnen längere Flugzeiten ermöglichen, was die Reichweite und Anwendungsmöglichkeiten erweitern würde. Dies könnte den Einsatz von Drohnen in Bereichen wie Lieferung, Überwachung und Inspektion von Infrastrukturen deutlich verbessern.

Die Integration von Drohnen in das Internet der Dinge (IoT) könnte zu einem weiteren Meilenstein führen. Drohnen könnten mit anderen vernetzten Geräten kommunizieren und Informationen in Echtzeit austauschen. Dies könnte dazu beitragen, komplexe Aufgaben effizienter zu bewältigen, indem Daten aus verschiedenen Quellen genutzt werden, um fundierte Entscheidungen zu treffen.

In der Medizin könnte die Drohnentechnologie einen großen Durchbruch bei der Lieferung von medizinischen Hilfsgütern in entlegene Gebiete bedeuten. Drohnen könnten mit medizinischen Vorräten beladen werden und schnell zu abgelegenen Orten gelangen, um dringend benötigte Versorgung zu bieten. Dies könnte Leben retten und die Gesundheitsversorgung in entlegenen Regionen revolutionieren.

Die Forschung im Bereich der Drohnentechnologie wird auch dazu beitragen, die Sicherheit und Zuverlässigkeit von Drohnen zu verbessern. Fortschritte in den Bereichen Sensorik, Navigation und Kommunikation könnten dazu führen, dass Drohnen autonomer, präziser und widerstandsfähiger gegen Störungen werden. Dies wird ihre Einsatzmöglichkeiten erweitern und das Potenzial für innovative Anwendungen steigern.

Doch mit den vielen Chancen, die die Zukunft der Drohnentechnologie bietet, kommen auch Herausforderungen. Datenschutz, Sicherheit und ethische Überlegungen werden wichtige Aspekte sein, die berücksichtigt werden müssen, um sicherzustellen, dass die Vorteile der Technologie das Wohl der Menschheit nicht gefährden.

Insgesamt liegt die Zukunft der Drohnentechnologie voller
Errungenschaften und Möglichkeiten, die unser Leben nachhaltig
verändern könnten. Die Fortschritte in der Miniaturisierung,
Energieeffizienz, Vernetzung und Sicherheit werden eine
aufregende Ära der Innovationen einleiten, die unsere
Vorstellungskraft übersteigen. Während wir uns auf diese Zukunft
vorbereiten, ist es von entscheidender Bedeutung, die Chancen klug
zu nutzen und die Verantwortung zu tragen, um sicherzustellen,
dass die Zukunft, die wir gestalten, eine bessere und innovativere
Welt ist.

Kapitel 6.2 – Entwicklungen in der Drohnentechnologie

Die Zukunft bringt Unfassbares mit sich

Die fortwährende Evolution der Drohnentechnologie verspricht eine stetige Flut von Neuerungen, die unsere Wahrnehmung von Luftfahrt, Technologie und Innovation verändern werden. Dieses Kapitel widmet sich den jüngsten Entwicklungen in der Drohnentechnologie und erörtert die aufregenden Wege, auf denen diese Innovationen unsere Welt formen könnten.

Eine bedeutende Entwicklung ist die Integration von 5G-Konnektivität in Drohnen. Diese ultraschnelle drahtlose Kommunikation ermöglicht Echtzeitübertragungen von Daten und Videos zwischen Drohnen und Kontrollstationen. Dadurch könnten Drohnen in der Lage sein, große Mengen an Daten in Echtzeit zu übertragen und somit die Effizienz von Aufgaben wie Inspektionen, Überwachung und Kartierung erheblich zu steigern.

Ein weiterer Schwerpunkt liegt auf der Einführung fortschrittlicher Sensoren und Bildgebungsverfahren. Hochauflösende Kameras, Wärmebildkameras, Lidar-Systeme und Hyperspektralbildgebung erweitern die Fähigkeiten von Drohnen erheblich. Diese Sensoren ermöglichen es Drohnen, detaillierte Informationen über Umgebungen zu erfassen und zu analysieren, was in zahlreichen Anwendungen von Vorteil ist, darunter Landwirtschaft, Umweltüberwachung und Sicherheit.

Die Entwicklung von autonomen Drohnen ist ein weiterer bahnbrechender Fortschritt. Durch die Integration von künstlicher Intelligenz und maschinellem Lernen könnten Drohnen in der Lage sein, komplexe Aufgaben autonom zu erledigen, ohne ständige menschliche Steuerung. Autonome Drohnen könnten in Bereichen wie Lieferung, Inspektion und Kartierung eingesetzt werden, was nicht nur die Effizienz, sondern auch die Sicherheit verbessern würde.

Ein vielversprechendes Gebiet ist auch die Entwicklung von Hybrid-Drohnen. Diese Drohnen kombinieren die Vorteile von traditionellen Flugzeugen und Multikoptern, um eine größere Reichweite und längere Flugzeiten zu ermöglichen. Hybrid-Drohnen könnten in der Luftrettung, Katastrophenhilfe und Langstreckeninspektionen eingesetzt werden, wo hohe Mobilität und Ausdauer gefragt sind. Hybrid-Drohnen könnten auch in der Lage sein, vertikale Starts und Landungen durchzuführen, was ihre Flexibilität und Anpassungsfähigkeit erhöht.

Ein weiterer Bereich, der in den Fokus rückt, ist die Reduzierung der Lärmbelastung von Drohnen. Forscher arbeiten daran, leisere Propulsionssysteme zu entwickeln, um die Auswirkungen von Drohnen auf die Umwelt und die Lebensqualität der Menschen zu minimieren. Dies könnte die Akzeptanz von Drohnentechnologie in städtischen Gebieten erhöhen und ihre Anwendungsmöglichkeiten erweitern.

Diese Entwicklungen sind jedoch nicht ohne ihre Herausforderungen. Die Integration von 5G, fortschrittlichen Sensoren und autonomen Systemen erfordert robuste Sicherheitsprotokolle, um Daten vor Hackern und Manipulationen zu schützen. Darüber hinaus müssen ethische Überlegungen berücksichtigt werden, um sicherzustellen, dass die Vorteile der Technologie das Wohl der Menschheit nicht beeinträchtigen.

Insgesamt sind die Entwicklungen in der Drohnentechnologie eine aufregende Reise in eine Zukunft voller Innovationen. Die Integration von Hochleistungssensoren, 5G-Konnektivität, autonomen Systemen und Hybridtechnologien wird die Einsatzmöglichkeiten von Drohnen erheblich erweitern. Während wir uns auf diese technologische Reise begeben, ist es wichtig, die Potenziale klug zu nutzen und die Herausforderungen verantwortungsbewusst anzugehen, um eine zukünftige Welt zu gestalten, die von Fortschritt und Nachhaltigkeit geprägt ist.

Die Fortschritte im Detail - Entwicklungen in der Drohnentechnologie

Die Entwicklungen in der Drohnentechnologie haben in den letzten Jahren eine faszinierende Dynamik erreicht, die die Grenzen des Möglichen immer wieder neu definiert. Jede Phase dieser technologischen Evolution hat zur Schaffung fortschrittlicher Funktionen und beeindruckender Fähigkeiten geführt, die die Zukunft der Drohnennutzung gestalten werden.

Die Integration von 5G-Konnektivität markiert einen wichtigen Meilenstein in dieser Entwicklung. Diese ultraschnelle Kommunikation ermöglicht es Drohnen, nahezu in Echtzeit Daten zu übertragen und zu empfangen. In praktischer Anwendung bedeutet dies, dass Drohnen in der Lage sind, hochauflösende Bilder, Videos und Sensordaten aus der Ferne zu übertragen. Dieser Fortschritt wird die Effizienz der Datenübertragung erheblich verbessern und Anwendungen wie Inspektionen, Überwachung und Rettungsdienste revolutionieren.

Ein weiterer Durchbruch betrifft die Sensortechnologie. Die Integration von fortschrittlichen Kameras, Wärmebildkameras und Lidar-Systemen ermöglicht Drohnen die Erfassung von Daten in bisher unerreichter Detailgenauigkeit. Dies ist besonders in Bereichen wie Umweltüberwachung, Landwirtschaft und Bauwesen von entscheidender Bedeutung. Drohnen können nun nicht nur visuelle Daten sammeln, sondern auch thermische und räumliche Informationen liefern, die zu präziseren Analysen und Entscheidungsfindungen führen.

Die Entwicklung autonomer Drohnen treibt die Technologie noch weiter voran. Die Integration von künstlicher Intelligenz und maschinellem Lernen ermöglicht es Drohnen, selbstständig Aufgaben zu erledigen, ohne menschliche Eingriffe. Dies eröffnet eine Vielzahl von Möglichkeiten, von autonomen Lieferdiensten bis hin zu komplexen Inspektionsaufgaben in industriellen Umgebungen. Autonome Drohnen könnten auch in der Lage sein, unvorhergesehene Situationen zu bewältigen und sich an sich ändernde Umgebungen anzupassen.

Der Fokus auf Umweltfreundlichkeit und Nachhaltigkeit hat auch die Entwicklung von Drohnentechnologie beeinflusst. Forscher arbeiten daran, leisere Propulsionssysteme zu entwickeln und den Energieverbrauch zu optimieren. Dies könnte dazu beitragen, die Auswirkungen von Drohnen auf die Umwelt zu minimieren und gleichzeitig die Akzeptanz in städtischen Gebieten zu erhöhen.

Die rasante Entwicklung in der Drohnentechnologie ist jedoch nicht ohne ihre Herausforderungen. Sicherheitsbedenken, Datenschutz und ethische Überlegungen sind wichtige Aspekte, die berücksichtigt werden müssen, um sicherzustellen, dass diese Technologie verantwortungsbewusst und zum Wohl der Gesellschaft genutzt wird.

Insgesamt sind die Entwicklungen in der Drohnentechnologie eine faszinierende Reise in die Zukunft, die die Art und Weise, wie wir die Welt sehen, grundlegend verändern wird. Die Integration von 5G-Konnektivität, fortschrittlichen Sensoren, autonomer Technologie und Hybrid-Designs wird die Fähigkeiten von Drohnen erheblich erweitern. Während wir diese Reise antreten, ist es von entscheidender Bedeutung, die Potenziale weise zu nutzen und die Herausforderungen in einem ständigen Bestreben nach Innovation und Fortschritt anzugehen.

Innovationen in der Kriegsforschung - Drohnenschwärme und Zukunftstechnologien

Die kontinuierliche Weiterentwicklung der Drohnentechnologie hat nicht nur zivile Anwendungen revolutioniert, sondern auch im militärischen Bereich bahnbrechende Innovationen hervorgebracht. Die jüngsten Entwicklungen in der Kriegsforschung zeigen, dass Länder wie China und die USA auf der Suche nach neuen Möglichkeiten sind, ihre Verteidigungskapazitäten zu stärken. Insbesondere die beeindruckenden Fortschritte, die China in der Drohnentechnologie gemacht hat, sind bemerkenswert.

Ein herausragendes Beispiel ist die Entwicklung von Drohnenschwärmen in Form von autonomen Bienenschwärmen. China hat bedeutende Fortschritte erzielt, indem es Drohnen in Schwärmen koordiniert, die unabhängig voneinander agieren können. Diese autonomen Drohnenschwärme könnten in der Lage sein, innerhalb weniger Tage einen ganzen amerikanischen Flugzeugträger zu zerlegen. Jede Drohne im Schwarm könnte eine spezialisierte Aufgabe übernehmen, sei es die Zerstörung von kritischer Infrastruktur, elektronische Störung oder Sabotage von feindlichen Einrichtungen. Diese innovative Taktik könnte es ermöglichen, die Verteidigungssysteme des Gegners zu überlasten und unerwartete Schwachstellen auszunutzen.

China ist jedoch nicht das einzige Land, das an solchen Technologien arbeitet. Auch die USA haben bedeutende Fortschritte in der Entwicklung von autonomen Drohnenschwärmen erzielt. Die Konzeption solcher Schwärme erfordert nicht nur technologisches Know-how, sondern auch komplexe Algorithmen und künstliche Intelligenz, um die Kommunikation und Koordination der Drohnen sicherzustellen. Diese Entwicklungen könnten die Art und Weise, wie Konflikte geführt werden, grundlegend verändern und neue Herausforderungen für die Verteidigungsstrategien der Länder schaffen.

Neben autonomen Drohnenschwärmen gibt es auch Fortschritte im Bereich der Hyperschalltechnologie, bei der Flugkörper Geschwindigkeiten von mehreren Mach erreichen können. Diese Flugkörper könnten dazu verwendet werden, Verteidigungssysteme zu umgehen und präzise Angriffe auf wichtige Ziele durchzuführen. Die Entwicklung von Drohnen mit Stealth-Technologie, die von Radarsystemen schwer zu erkennen sind, ist ebenfalls ein Schwerpunkt in der militärischen Forschung.

Was die zukünftige technologische Entwicklung für militärische Zwecke betrifft, so ist deutlich erkennbar, dass autonome Systeme, künstliche Intelligenz und fortschrittliche Sensortechnologie eine entscheidende Rolle spielen werden. Drohnen könnten in der Lage sein, strategische Ziele zu identifizieren, Angriffe zu koordinieren und kritische Informationen in Echtzeit zu übertragen. Dies könnte die Effizienz von Militäraktionen steigern und gleichzeitig das Risiko für menschliche Soldaten verringern.

Die Entwicklungen in der Kriegsforschung sind zweifellos beeindruckend, werfen jedoch auch ethische und rechtliche Fragen auf. Der Einsatz von autonomen Drohnen in Konflikten wirft Bedenken hinsichtlich Verantwortung, Kontrolle und unvorhersehbarer Folgen auf. Die internationale Gemeinschaft wird vor der Herausforderung stehen, angemessene Regulierungen und Kontrollmechanismen für diese Technologien zu schaffen.

Insgesamt zeigen die rasanten Fortschritte in der Drohnentechnologie im militärischen Bereich, dass Innovationen in der Verteidigungsforschung immer schneller voranschreiten. Sowohl China als auch die USA sind maßgebliche Akteure in diesem Bereich und tragen zur Gestaltung der zukünftigen Kriegsführung bei. Während diese Technologien neue Möglichkeiten eröffnen, werfen sie auch Fragen hinsichtlich Ethik, Verantwortung und internationaler Sicherheit auf, die in den kommenden Jahren sorgfältig abgewogen werden müssen.

Kapitel 6.3 – Ethische und rechtliche Fragen in der Zukunft

Navigieren zwischen Technologischem Fortschritt und Gesellschaftlichen Werten

Mit dem rasanten Fortschritt der Drohnentechnologie stehen wir nicht nur vor technologischen Möglichkeiten, sondern auch vor komplexen ethischen und rechtlichen Fragen, die es zu bewältigen gilt. Während die Zukunft neue Horizonte der Innovation eröffnet, werfen diese Entwicklungen auch wichtige Überlegungen hinsichtlich Verantwortung, Privatsphäre, Sicherheit und internationaler Zusammenarbeit auf.

Eine der grundlegenden ethischen Fragen bezieht sich auf den Einsatz von Drohnen in Konflikten. Die zunehmende Automatisierung und Autonomie von Drohnen wirft Bedenken hinsichtlich der Kontrolle und Verantwortung auf. Wer trägt die Verantwortung, wenn autonome Drohnenschwärme in Konflikten eingesetzt werden und unvorhergesehene Schäden verursachen? Wie kann sichergestellt werden, dass diese Technologie in Übereinstimmung mit den Grundsätzen des humanitären Völkerrechts eingesetzt wird?

Die Privatsphäre ist ein weiteres bedeutendes ethisches Thema. Drohnen können unauffällig in private Räume eindringen und die persönliche Freiheit beeinträchtigen. Die Möglichkeit der Massenüberwachung und des Eindringens in persönliche Lebensbereiche wirft Fragen auf, wie wir unsere Privatsphäre in einer Welt bewahren können, in der Drohnen allgegenwärtig sind. Wie können Gesetze und Regulierungen den Schutz der Privatsphäre gewährleisten, ohne den Fortschritt der Technologie zu behindern?

Die rechtlichen Aspekte der Drohnennutzung sind genauso komplex. Internationale Abkommen und Konventionen müssen angepasst werden, um den Einsatz von Drohnen in Konflikten zu regulieren und unverhältnismäßige Schäden zu verhindern. Die Frage der Souveränität wird ebenfalls aufgeworfen, insbesondere wenn Drohnen in fremden Lufträumen eingesetzt werden. Die Definition von Angriffen und die Zuordnung von Verantwortlichkeiten werden zu wichtigen Herausforderungen in der rechtlichen Debatte.

Die grenzüberschreitende Natur von Drohnen erfordert auch eine enge internationale Zusammenarbeit. Wie können Länder kooperieren, um die Verbreitung von gefährlichen Technologien zu verhindern? Welche Standards sollten in Bezug auf Sicherheit, Datenschutz und Verantwortlichkeit festgelegt werden, um ein globales Gleichgewicht zu schaffen?

Die Entwicklung von Künstlicher Intelligenz und autonomen Systemen wirft die Frage auf, wie wir die Entscheidungsfindung und Verantwortung zwischen Menschen und Maschinen aufteilen. Wer trägt die Verantwortung, wenn autonome Drohnen Entscheidungen treffen, die katastrophale Folgen haben könnten? Wie können wir sicherstellen, dass Maschinen ethische Entscheidungen treffen, die mit unseren Werten und Normen übereinstimmen?

Die ethischen und rechtlichen Fragen im Zusammenhang mit Drohnen sind zweifellos komplex und vielschichtig. Die Antworten darauf erfordern eine breite Diskussion und Zusammenarbeit auf internationaler Ebene. Die Gestaltung der Zukunft der Drohnennutzung erfordert einen ausgewogenen Ansatz, der Innovation und Verantwortung miteinander in Einklang bringt. Während die Technologie voranschreitet, ist es von entscheidender Bedeutung, dass wir die ethischen und rechtlichen Dimensionen dieser Entwicklungen in den Mittelpunkt stellen, um eine verantwortungsbewusste und nachhaltige Nutzung sicherzustellen.

Die sozioökonomische Auswirkungen der Drohnentechnologie

Die rasante Entwicklung der Drohnentechnologie hat nicht nur technologische und ethische Fragen aufgeworfen, sondern auch erhebliche sozioökonomische Auswirkungen. Während die Technologie neue Chancen und Möglichkeiten schafft, stehen wir auch vor Herausforderungen im Hinblick auf Arbeitsmarkt, Industrie und Wirtschaft.

Die Einführung von Drohnen hat bereits bestehende Arbeitsbereiche revolutioniert und neue Geschäftsmöglichkeiten geschaffen. Unternehmen, die Drohnen zur Inspektion von Infrastruktur oder zur Lieferung von Waren einsetzen, haben innovative Geschäftsmodelle entwickelt. Dies hat zur Schaffung neuer Arbeitsplätze in den Bereichen Drohnenbetrieb, -wartung, -entwicklung und -management geführt. Gleichzeitig wurden jedoch auch traditionelle Arbeitsplätze in einigen Branchen, wie der Lieferung von Waren, beeinträchtigt.

In der Landwirtschaft bieten Drohnen Möglichkeiten zur Überwachung und Optimierung von Ernten. Dies kann dazu beitragen, Erträge zu steigern und Ressourcen effizienter zu nutzen. Allerdings besteht die Sorge, dass der vermehrte Einsatz von automatisierten Technologien und Drohnen langfristig zu einem Arbeitsplatzabbau in der Landwirtschaft führen könnte.

Die Wartung und Reparatur von Drohnen erfordert spezielle Fähigkeiten, was zur Entstehung neuer Berufe in diesem Bereich führen kann. Die Schulung von Drohnenpiloten und Technikern bietet eine neue Möglichkeit für die berufliche Weiterentwicklung und Qualifizierung. Gleichzeitig erfordert dies jedoch auch eine Anpassung der Bildungssysteme, um die notwendigen Fähigkeiten zu vermitteln.

Ein weiteres sozioökonomisches Thema ist die Frage der Technologiezugänglichkeit. Kleinere Unternehmen und Einzelpersonen könnten möglicherweise Schwierigkeiten haben, mit den raschen technologischen Fortschritten Schritt zu halten und von den Vorteilen der Drohnentechnologie zu profitieren. Hier ist es wichtig, Mechanismen zu schaffen, die sicherstellen, dass die Vorteile der Technologie breit gestreut werden und niemand zurückgelassen wird.

Die Drohnentechnologie könnte auch zu einer verstärkten Urbanisierung führen, da städtische Gebiete oft besser mit Infrastruktur und Technologie ausgestattet sind. Dies könnte dazu führen, dass ländliche Regionen zurückgelassen werden, wenn es um die Implementierung und Nutzung von Drohnen geht. Eine ausgewogene Verteilung der Technologie könnte daher entscheidend sein, um die sozialen und wirtschaftlichen Ungleichheiten zu minimieren.

Insgesamt zeigt die rasante Entwicklung der Drohnentechnologie, dass sie sowohl immense Chancen als auch Herausforderungen mit sich bringt. Es ist von entscheidender Bedeutung, dass Regierungen, Unternehmen und Gesellschaften gleichermaßen darauf achten, dass die Vorteile der Technologie breit gestreut werden und dass die sozialen und wirtschaftlichen Auswirkungen sorgfältig abgewogen werden. Die Gestaltung einer zukünftigen Gesellschaft mit Drohnentechnologie erfordert eine umfassende Betrachtung der sozioökonomischen Aspekte, um sicherzustellen, dass niemand zurückgelassen wird und dass die Technologie zum Wohlstand aller beiträgt.

Die Rolle der Bildung und Forschung in der Drohnentechnologie

Die dynamische Entwicklung der Drohnentechnologie hat die Bedeutung von Bildung und Forschung in diesem Bereich stark hervorgehoben. Die Gestaltung der Zukunft erfordert nicht nur technologische Innovationen, sondern auch qualifizierte Fachkräfte, die diese Innovationen vorantreiben und verantwortungsbewusst nutzen können.

In der Bildung spielt die Vermittlung von Kenntnissen und Fähigkeiten im Bereich der Drohnentechnologie eine entscheidende Rolle. Schülerinnen und Schüler sollten die Möglichkeit haben, die Grundlagen der Drohnenfunktionsweise, Flugkontrolle, Sensorik, Fotografie und Sicherheit zu erlernen. Dies könnte nicht nur ihr technisches Verständnis erweitern, sondern auch dazu beitragen, ein breiteres Bewusstsein für die Potenziale und Herausforderungen der Drohnentechnologie zu schaffen.

Universitäten und Forschungseinrichtungen sollten ebenfalls eine führende Rolle in der Entwicklung der Drohnentechnologie spielen. Die Forschung in den Bereichen Sensorik, Künstliche Intelligenz, Materialwissenschaften und Energiemanagement könnte dazu beitragen, die Leistungsfähigkeit von Drohnen weiter zu verbessern. Interdisziplinäre Zusammenarbeit zwischen Ingenieuren, Informatikern, Umweltwissenschaftlern und anderen Fachgebieten könnte neue Innovationen hervorbringen.

Die Bildung in der Drohnentechnologie sollte nicht nur auf technische Aspekte beschränkt sein, sondern auch ethische, rechtliche und soziale Fragen berücksichtigen. Studierende sollten ein umfassendes Verständnis dafür entwickeln, wie Drohnen unsere Gesellschaft und Umwelt beeinflussen können, und wie wir verantwortungsbewusst mit dieser Technologie umgehen können.

Die Forschung in der Drohnentechnologie kann neue Anwendungsgebiete und Innovationen hervorbringen. Die Entwicklung von nachhaltigen Energiequellen für Drohnen, verbesserte Batterietechnologien, autonome Flugkontrolle und Sicherheitsmechanismen sind nur einige der Bereiche, die weitere Untersuchungen erfordern. Die Forschung kann dazu beitragen, die Leistungsfähigkeit, Zuverlässigkeit und Sicherheit von Drohnen zu steigern.

Insgesamt spielt Bildung und Forschung eine entscheidende Rolle in der Gestaltung der Zukunft mit Drohnentechnologie. Die Ausbildung von Fachkräften, die sowohl technisches Wissen als auch ein umfassendes Verständnis für ethische und soziale Aspekte haben, ist von großer Bedeutung. Forschung und Entwicklung können dazu beitragen, die Grenzen der Technologie zu erweitern und neue Anwendungsgebiete zu erschließen. Die Investition in Bildung und Forschung ist der Schlüssel, um sicherzustellen, dass die Drohnentechnologie verantwortungsbewusst und nachhaltig eingesetzt wird und ihr volles Potenzial entfalten kann.

Die Rolle der Gesellschaft in der Entwicklung der Drohnentechnologie

Die Entwicklung und Integration von Drohnentechnologie in unsere Gesellschaft erfordert nicht nur technologische Fortschritte, sondern auch ein aktives Engagement und eine offene Diskussion innerhalb der Gemeinschaft. Die Rolle der Gesellschaft in diesem Prozess ist von entscheidender Bedeutung, um sicherzustellen, dass die Technologie im Einklang mit unseren Werten, Bedürfnissen und Zielen steht.

Eine aktive Beteiligung der Öffentlichkeit an der Diskussion über Drohnentechnologie kann dazu beitragen, mögliche Bedenken und Ängste anzusprechen. Transparente Kommunikation über die Potenziale, aber auch über die Risiken und Herausforderungen der Technologie kann das Vertrauen in deren Nutzung stärken. Bürgerinnen und Bürger sollten die Möglichkeit haben, ihre Meinungen und Anliegen zu äußern und an der Entwicklung von Regulierungen und Leitlinien teilzunehmen.

Bildung und Aufklärung sind ebenfalls zentrale Elemente, um die Gesellschaft für die Drohnentechnologie zu sensibilisieren. Workshops, Seminare und öffentliche Veranstaltungen können dazu beitragen, das Verständnis für die Funktionsweise, Anwendungen und mögliche Auswirkungen von Drohnen zu vertiefen. Ein informiertes Publikum ist besser in der Lage, sachliche Diskussionen über die Technologie zu führen.

Die gesellschaftliche Akzeptanz von Drohnen hängt auch davon ab, wie die Technologie in den Alltag integriert wird. Die Entwicklung von Lösungen, die auf die Bedürfnisse und Anforderungen der Menschen zugeschnitten sind, kann die breite Akzeptanz fördern. Dies reicht von Drohnenlieferungen bis hin zu Bildungseinrichtungen, die Drohnentechnologie nutzen, um innovative Lehrmethoden zu entwickeln.

Die gesellschaftliche Verantwortung in Bezug auf die Nutzung von Drohnen erstreckt sich auch auf den Schutz der Privatsphäre, ethische Fragen und den Umweltschutz. Gemeinschaften sollten sich darüber im Klaren sein, wie Drohnen eingesetzt werden und welche Auswirkungen dies auf ihre Lebensweise und Umgebung haben kann. Dies kann zu einem verantwortungsbewussten Umgang mit der Technologie beitragen.

Insgesamt ist die aktive Beteiligung und Mitgestaltung der Gesellschaft von entscheidender Bedeutung, um sicherzustellen, dass die Entwicklung und Nutzung von Drohnentechnologie im Einklang mit den Interessen und Werten der Menschen stehen. Eine offene Diskussion, Bildung und Transparenz können dazu beitragen, das volle Potenzial der Technologie zu entfalten und gleichzeitig sicherzustellen, dass sie im besten Interesse der Gesellschaft eingesetzt wird.

Ethische Aspekte der Drohnentechnologie in der Zukunft

Die zukünftige Nutzung von Drohnen wirft eine Vielzahl ethischer Fragen auf, die sorgfältig bedacht und adressiert werden müssen. Diese Fragen berühren Bereiche wie Privatsphäre, Sicherheit, Gerechtigkeit, Verantwortung und die Auswirkungen auf Mensch und Umwelt.

Privatsphäre und Überwachung

Die zunehmende Verbreitung von Drohnen ermöglicht es, weitreichende Überwachungsaktivitäten durchzuführen, die die Privatsphäre von Einzelpersonen beeinträchtigen könnten. Die Fähigkeit von Drohnen, aus der Luft Bilder und Videos aufzunehmen, eröffnet Möglichkeiten für ungewollte Beobachtung. Die Frage ist, wie können wir sicherstellen, dass Drohnennutzung nicht die Privatsphäre und persönliche Freiheit der Menschen verletzt?

Sicherheit und Autonomie

Mit der Entwicklung autonomer Drohnen stellt sich die Frage nach der Sicherheit und Verantwortlichkeit. Wie können wir sicherstellen, dass autonome Drohnen keine unvorhergesehenen Schäden verursachen oder in gefährliche Situationen geraten? Wer ist verantwortlich, wenn autonome Drohnen fehlerhafte Entscheidungen treffen? Die Sicherheitsaspekte der Technologie müssen mit großer Sorgfalt behandelt werden.

Gerechtigkeit und soziale Ungleichheit

Die Nutzung von Drohnen kann möglicherweise soziale Ungleichheiten verschärfen. In einigen Fällen könnten wohlhabende Individuen oder Unternehmen einen Vorteil aus der Technologie ziehen, während andere benachteiligt werden könnten. Wie können wir sicherstellen, dass die Vorteile der Drohnentechnologie gerecht verteilt werden und niemand von den Möglichkeiten ausgeschlossen wird?

Umweltauswirkungen der Drohnentechnologie und Akkuproblematik

Drohnen könnten auch Auswirkungen auf die Umwelt haben. Der erhöhte Luftverkehr von Drohnen könnte zu höheren Emissionen führen. Gleichzeitig könnten Drohnen auch dazu beitragen, Umweltschutzmaßnahmen zu überwachen und den Zustand von Ökosystemen zu überwachen.

Umweltauswirkungen

Die fortschreitende Entwicklung der Drohnentechnologie bringt nicht nur zahlreiche Vorteile, sondern auch Herausforderungen in Bezug auf Umweltauswirkungen mit sich. Neben den offensichtlichen positiven Aspekten wie der Überwachung von Umweltschutzmaßnahmen und der Reduzierung des CO_2-Ausstoßes in einigen Bereichen gibt es auch weniger offensichtliche negative Auswirkungen, die sorgfältig berücksichtigt werden müssen.

Energieverbrauch und Ressourcen

Die Drohnentechnologie erfordert erhebliche Energiemengen, insbesondere für den Betrieb der Motoren und die Aufrechterhaltung der Flugzeit. Dies führt zwangsläufig zu einem erhöhten Energieverbrauch und könnte langfristig zu einem höheren CO_2-Ausstoß führen, wenn die Energiequellen nicht nachhaltig sind. Die Produktion von Batterien, die in Drohnen verwendet werden, erfordert den Abbau seltener Erden und anderer Ressourcen, was Umweltauswirkungen in den Abbaugebieten haben kann.

Akkuproblematik und Entsorgung

Akkus spielen eine entscheidende Rolle in der Drohnentechnologie, da sie die benötigte Energie liefern. Allerdings bringt die Produktion von Batterien auch Umweltauswirkungen mit sich, sowohl während des Herstellungsprozesses als auch bei der Entsorgung. Die Entsorgung von Lithium-Ionen-Akkus kann eine Herausforderung darstellen, da sie schädliche Chemikalien enthalten und in bestimmten Fällen die Umwelt belasten können.

Ressourcenverschwendung

Die schnelle Entwicklung der Drohnentechnologie führt auch zu einem raschen Fortschritt in der Hardware. Dies könnte dazu führen, dass ältere Modelle schnell veraltet sind und ersetzt werden müssen, was zu einer erhöhten Ressourcenverschwendung führt. Die Frage, wie wir mit veralteter Drohnentechnologie umgehen und sie möglichst nachhaltig recyceln oder wiederverwenden können, wird immer relevanter.

Nachhaltige Alternativen

Angesichts dieser Herausforderungen ist es von entscheidender Bedeutung, nachhaltige Alternativen zu erforschen und zu entwickeln. Dies könnte die Entwicklung von umweltfreundlichen Batterien, den Einsatz erneuerbarer Energien für den Drohnenbetrieb und die Implementierung von Recyclingprogrammen für veraltete Drohnentechnologie umfassen.

Die Umweltauswirkungen der Drohnentechnologie erfordern eine umfassende Analyse und einen abgewogenen Ansatz, der sowohl die positiven als auch die negativen Auswirkungen berücksichtigt. Die Fortschritte in der Drohnentechnologie sollten mit einem Fokus auf Nachhaltigkeit und Umweltfreundlichkeit vorangetrieben werden. Nur so können wir sicherstellen, dass die Vorteile der Technologie nicht auf Kosten unserer Umwelt gehen und eine nachhaltige Nutzung gewährleistet ist.

Verantwortung und Haftung

Die Frage der Verantwortung stellt sich in vielen Szenarien, in denen Drohnen eingesetzt werden. Wer trägt die Verantwortung, wenn Drohnen Schäden verursachen oder Unfälle verursachen? Wie können wir klare Regeln und Gesetze schaffen, um die Verantwortlichkeiten zu klären?

Die ethischen Aspekte der Drohnentechnologie sind vielfältig und komplex. Die zukünftige Nutzung erfordert einen umfassenden und ausgewogenen Ansatz, der sowohl die technologischen Möglichkeiten als auch die ethischen Implikationen berücksichtigt. Die Einbeziehung von Fachleuten, Ethikexperten, Rechtsgelehrten und der Gesellschaft als Ganzes ist von entscheidender Bedeutung, um sicherzustellen, dass die Drohnentechnologie im Einklang mit unseren Werten und ethischen Standards eingesetzt wird. Dies wird dazu beitragen, eine verantwortungsbewusste und nachhaltige Zukunft mit Drohnen zu gestalten.

Politische und Regulatorische Aspekte der Drohnentechnologie

Die rasante Entwicklung der Drohnentechnologie hat nicht nur technologische und gesellschaftliche Auswirkungen, sondern auch politische und regulatorische Herausforderungen. Regierungen weltweit stehen vor der Aufgabe, angemessene Gesetze, Regulierungen und Leitlinien zu entwickeln, um den Einsatz von Drohnen sicher, verantwortungsbewusst und im Einklang mit den gesellschaftlichen Werten zu gestalten.

Sicherheitsaspekte und nationale Sicherheit

Drohnen können sowohl positive als auch negative Auswirkungen auf die nationale Sicherheit haben. Einerseits können sie bei der Überwachung von Grenzen, kritischer Infrastruktur und Katastrophengebieten helfen. Andererseits könnten sie auch für terroristische Aktivitäten oder Spionagezwecke missbraucht werden. Die Regierungen müssen Wege finden, wie sie die Sicherheit gewährleisten und gleichzeitig die Rechte und Freiheiten der Bürger schützen können.

Einsatz in der Strafverfolgung

Drohnen bieten neue Möglichkeiten für die Strafverfolgung, wie beispielsweise bei der Verfolgung von Verbrechern, der Aufklärung von Unfällen oder der Suche nach vermissten Personen. Allerdings werfen sie auch Fragen nach Datenschutz und Privatsphäre auf. Wie können Regierungen sicherstellen, dass der Einsatz von Drohnen im Rahmen der Strafverfolgung rechtmäßig und angemessen ist?

Luftverkehrskontrolle und Integration

Die Integration von Drohnen in den regulären Luftraum erfordert eine effektive Luftverkehrskontrolle und Koordination. Regierungen müssen sicherstellen, dass Drohnen sicher und koordiniert fliegen, um Kollisionen und Unfälle zu vermeiden. Gleichzeitig müssen sie die Freiheit des Luftraums respektieren und Innovationen nicht unnötig einschränken.

Umweltschutz und Naturschutz

Drohnen können bei der Überwachung von Umwelt- und Naturschutzgebieten eine wichtige Rolle spielen. Regierungen können sie einsetzen, um Wilderei zu bekämpfen, den Zustand von Ökosystemen zu überwachen und Umweltschutzmaßnahmen zu überwachen. Allerdings müssen sie sicherstellen, dass der Einsatz von Drohnen nicht die Umwelt stört oder Tiere stressen könnte.

Ethische und rechtliche Fragen

Die politische Entscheidungsfindung in Bezug auf Drohnentechnologie erfordert die Berücksichtigung ethischer und rechtlicher Fragen. Wie können Regierungen sicherstellen, dass der Einsatz von Drohnen im Einklang mit den Werten und Normen der Gesellschaft steht? Welche rechtlichen Rahmenbedingungen sind erforderlich, um Missbrauch zu verhindern und die Rechte der Bürger zu schützen?

Aufwerfen ethischer Fragen im Zusammenhang mit Drohnentechnologie

Die rasante Entwicklung der Drohnentechnologie wirft eine Vielzahl ethischer Fragen auf, die tiefgreifende Auswirkungen auf die Gesellschaft, Unternehmen und Einzelpersonen haben können. Hier sind einige spannende ethische Fragen, die im Zusammenhang mit Drohnen aufgeworfen werden:

1. *Privatsphäre vs. Fortschritt*

   Wie können wir den technologischen Fortschritt nutzen, ohne die Privatsphäre der Menschen zu verletzen? Drohnen können umfassende Überwachungsaktivitäten ermöglichen, aber wie können wir sicherstellen, dass die Balance zwischen Fortschritt und persönlicher Freiheit gewahrt bleibt?

Die Herausforderung besteht darin, Technologie zu entwickeln, die Fortschritt ermöglicht, ohne die Privatsphäre zu gefährden. Dies erfordert klare Gesetze und Regulierungen, die den Schutz persönlicher Daten gewährleisten, sowie transparente Nutzung von Daten und Aufklärung der Bürger.

2. *Menschliche vs. Autonome Entscheidungen*

   Inwieweit sollten Drohnen autonom agieren dürfen? Welche Entscheidungen sollten von Menschen getroffen werden und welche können von künstlicher Intelligenz übernommen werden? Wie können wir sicherstellen, dass autonome Drohnen ethisch und verantwortungsbewusst handeln?

Die Debatte dreht sich darum, wie viel Autonomie Drohnen haben sollten. Eine ausgewogene Lösung könnte darin bestehen, dass Menschen letztendlich die Kontrolle über kritische Entscheidungen behalten, während Drohnen in weniger sensiblen Bereichen autonom agieren könnten.

3. *Gerechtigkeit und Zugang*

   Wie können wir sicherstellen, dass die Vorteile der Drohnentechnologie gerecht verteilt werden? Wer profitiert von den Möglichkeiten, die Drohnen bieten, und wer bleibt

*möglicherweise zurück? Wie können wir sicherstellen, dass
die Technologie niemanden benachteiligt?*

Ein inklusiver Zugang zur Technologie ist entscheidend, um
Ungleichheit zu vermeiden. Subventionen, Bildungsprogramme und
Förderungen könnten helfen, sicherzustellen, dass Menschen
unabhängig von ihrer sozioökonomischen Situation von den
Möglichkeiten der Drohnentechnologie profitieren können.

4. *Verantwortung und Haftung*

*Wer ist verantwortlich, wenn eine Drohne Schaden
verursacht oder einen Unfall verursacht? Wie können wir
klare Regelungen schaffen, um die Verantwortlichkeiten zu
klären? Wie können wir sicherstellen, dass Unternehmen
und Einzelpersonen für die Auswirkungen ihrer Drohnen
verantwortlich gemacht werden können?*

Eine klare Haftungsregelung könnte etabliert werden, in der
Hersteller, Betreiber und Eigentümer von Drohnen für Schäden oder
Unfälle haftbar gemacht werden können. Dies könnte dazu
beitragen, die Verantwortlichkeit zu klären und Opfern gerecht zu
werden.

5. *Sicherheit vs. Privatsphäre*

*Wie können wir sicherstellen, dass Drohnen für
Sicherheitszwecke eingesetzt werden, ohne die Privatsphäre
der Menschen zu beeinträchtigen? Wo ziehen wir die
Grenze zwischen sicherheitsrelevanten Maßnahmen und
unangemessener Überwachung?*

Die Balance zwischen Sicherheit und Privatsphäre ist delikat. Eine Möglichkeit könnte darin bestehen, transparente Überwachungsmechanismen zu etablieren, die sowohl die Sicherheitsinteressen als auch den Schutz der Privatsphäre berücksichtigen.

6. Umweltauswirkungen

Welche Auswirkungen hat der verstärkte Einsatz von Drohnen auf die Umwelt? Wie können wir sicherstellen, dass die positiven Umweltauswirkungen die negativen überwiegen? Wie können wir umweltfreundliche Technologien und Praktiken fördern?

Drohnen könnten umweltfreundlicher sein als herkömmliche Alternativen. Um die Umweltauswirkungen zu minimieren, könnten Technologien zur nachhaltigen Energieversorgung und effizientere Batterien erforscht werden.

7. Militärische Anwendungen

Welche ethischen Fragen ergeben sich aus dem Einsatz von Drohnen in militärischen Konflikten? Wie können wir den Einsatz von Drohnen im Kriegsrecht und im Rahmen internationaler Abkommen regulieren?

Eine internationale Regulierung könnte dazu beitragen, den Einsatz von Drohnen in militärischen Konflikten zu kontrollieren. Strengere rechtliche Standards könnten den Missbrauch von Drohnen verhindern und sicherstellen, dass sie im Einklang mit dem humanitären Völkerrecht eingesetzt werden.

8. Verantwortung von Unternehmen

Welche Verantwortung tragen Unternehmen bei der Entwicklung und Vermarktung von Drohnentechnologie?

Wie können wir sicherstellen, dass Unternehmen ethische Standards einhalten und die Technologie verantwortungsbewusst einsetzen?

Unternehmen sollten ethische Richtlinien einhalten und Technologie verantwortungsbewusst entwickeln und vermarkten. Regierungen könnten Anreize schaffen, um Unternehmen dazu zu bewegen, ethische Standards zu befolgen und den gesellschaftlichen Nutzen in den Vordergrund zu stellen.

9. Datenschutz und Datensicherheit

Wie können wir sicherstellen, dass die von Drohnen gesammelten Daten sicher und privat bleiben? Wie können wir verhindern, dass persönliche Informationen missbraucht oder gestohlen werden?

Robuste Datenschutzrichtlinien könnten sicherstellen, dass von Drohnen gesammelte Daten sicher sind und nicht missbraucht werden. Verschlüsselung und Sicherheitsmaßnahmen könnten dazu beitragen, die Integrität der Daten zu schützen.

10. Zukunft des Arbeitsmarkts

Welche Auswirkungen hat die zunehmende Automatisierung durch Drohnen auf den Arbeitsmarkt? Wie können wir sicherstellen, dass Technologieentwicklung und Arbeitsplatzsicherheit in Einklang stehen?

Die Automatisierung durch Drohnen könnte Arbeitsplätze in einigen Bereichen gefährden, aber auch neue Chancen schaffen. Investitionen in die Umschulung von Arbeitnehmern und die Förderung neuer Arbeitsfelder könnten helfen, den Übergang zu erleichtern.

Die ethischen Fragen im Zusammenhang mit Drohnentechnologie sind vielfältig und komplex. Sie erfordern eine breite Debatte, Beteiligung von Experten, Ethikkommissionen und die Zusammenarbeit von Regierungen, Unternehmen und der Gesellschaft, um verantwortungsbewusste Lösungen zu finden, die das volle Potenzial der Technologie entfalten und gleichzeitig ethische Grundsätze respektieren.

Die Antworten können je nach kulturellem Kontext, gesellschaftlichen Werten und technologischer Entwicklung variieren. Die Beteiligung von Experten, Ethikkommissionen und der Gesellschaft ist unerlässlich, um verantwortungsbewusste Lösungen zu finden, die die Herausforderungen der Zukunft bewältigen.

Internationale Regulierung und Konflikte

Da Drohnen grenzüberschreitend eingesetzt werden können, ergeben sich auch internationale regulatorische Herausforderungen. Wie können unterschiedliche Länder und Regionen zusammenarbeiten, um konsistente Regulierungen zu entwickeln? Gleichzeitig könnten politische Spannungen und Konflikte um den Einsatz von Drohnen in bestimmten Gebieten entstehen.

Die politischen und regulatorischen Aspekte der Drohnentechnologie sind komplex und vielschichtig. Die Gestaltung einer angemessenen und verantwortungsbewussten Politik erfordert eine enge Zusammenarbeit zwischen Regierungen, Fachleuten, Ethikexperten und der Gesellschaft. Die Herausforderungen sind groß, aber die richtigen Entscheidungen können dazu beitragen, das volle Potenzial der Technologie zu entfalten und gleichzeitig die Interessen und Werte der Menschen zu schützen.

In einer zunehmend globalisierten Welt stehen Länder vor der Herausforderung, gemeinsame Regulierungen für den Einsatz von Drohnen zu entwickeln. Internationale Zusammenarbeit ist unerlässlich, um einheitliche Standards zu etablieren und Missbrauch zu verhindern. Doch diese Bemühungen werden oft durch geopolitische Spannungen und Konflikte beeinträchtigt.

Die Herausforderung liegt darin, wie verschiedene Staaten mit unterschiedlichen Interessen und politischen Agenden in Einklang gebracht werden können. Hierbei könnten internationale Organisationen wie die Vereinten Nationen eine wichtige Rolle bei der Schaffung von Rahmenbedingungen spielen. Ein gemeinsames Regelwerk könnte Aspekte wie Flugrouten, Datenschutz, Überwachungsgrenzen und Sicherheitsprotokolle abdecken.

Doch während solche Zusammenarbeit ein erklärtes Ziel sein mag, könnten politische Rivalitäten und regionale Konflikte die Bemühungen erschweren. Der Einsatz von Drohnen in umstrittenen Gebieten könnte politische Spannungen verschärfen und zu weiteren Konflikten führen. Die Frage, wer die Kontrolle über den Luftraum hat und wie technologische Souveränität gewährleistet werden kann, wird zunehmend komplexer.

Der politische und regulatorische Diskurs um Drohnen ist somit nicht nur eine technische Angelegenheit, sondern auch ein Spiegelbild geopolitischer Dynamiken. Die internationale Gemeinschaft steht vor der Herausforderung, einen Konsens zu finden, der den technologischen Fortschritt fördert, ohne die Stabilität und den Frieden in der Welt zu gefährden.

Eine effektive Lösung erfordert nicht nur klare rechtliche Rahmenbedingungen, sondern auch einen offenen Dialog zwischen Ländern, um gemeinsame Interessen und Bedenken zu verstehen. Ein koordiniertes Vorgehen kann dazu beitragen, sicherzustellen, dass Drohnen verantwortungsbewusst eingesetzt werden und der Schutz von Menschenleben und Menschenrechten gewährleistet bleibt.

Der Weg zur internationalen Regulierung von Drohnen ist langwierig und komplex, aber er ist unerlässlich, um das Potenzial dieser Technologie maximal zu nutzen und gleichzeitig globale Sicherheitsrisiken zu minimieren. Es erfordert gemeinsame Anstrengungen, um sicherzustellen, dass die Zukunft der Drohnen von Zusammenarbeit und Verantwortung geprägt ist und nicht von Spannungen und Konflikten überschattet wird.

Kapitel 6.4 – Die Rolle von Drohnen in der Gesellschaft

Innovationskraft für die Zukunft

Die rasante Entwicklung der Drohnentechnologie eröffnet ein Spektrum neuer Möglichkeiten, wie Drohnen zukünftig in unserer Gesellschaft eine bedeutende Rolle einnehmen könnten. Diese Innovationen könnten nicht nur bestehende Bereiche optimieren, sondern auch völlig neue Paradigmen schaffen.

Innovative Mobilität

Drohnen könnten in Zukunft nicht nur in der Luft, sondern auch auf dem Boden und im Wasser eingesetzt werden. Sie könnten autonomes Fahren und autonome Schifffahrt unterstützen, Transportwege diversifizieren und so den Verkehr entlasten.

Gesundheitswesen der Zukunft

Drohnen könnten in der medizinischen Versorgung eine zentrale Rolle spielen. Von der Lieferung von Medikamenten bis hin zur Notfallrettung könnten sie den Zugang zur Gesundheitsversorgung in entlegenen Gebieten revolutionieren.

Stadtgestaltung und -planung

Drohnen könnten dazu beitragen, die Gestaltung von Städten zu revolutionieren. Sie könnten bei der Überwachung der Umweltbedingungen, der Verkehrsflüsse und der Infrastrukturintegrität helfen, um nachhaltige Städte der Zukunft zu schaffen.

Künstliche Intelligenz und Bildung

Drohnen könnten als Werkzeuge für den KI-gestützten Unterricht dienen. Sie könnten Schülern ermöglichen, praktische Erfahrungen in Bereichen wie Robotik, Programmierung und Datenanalyse zu sammeln und so die Bildungslandschaft transformieren.

Soziale Interaktion und Kommunikation

Drohnen könnten eine völlig neue Dimension der sozialen Interaktion schaffen, indem sie persönliche Nachrichten oder Geschenke liefern, virtuelle Versammlungen organisieren und soziale Bindungen über geografische Grenzen hinweg stärken.

Nachhaltige Energie und Umweltschutz

Drohnen könnten bei der Erkundung erneuerbarer Energiequellen wie Solar- und Windanlagen sowie bei der Überwachung von Umweltverschmutzung und Wildtierbewegungen helfen, um eine nachhaltigere Zukunft zu gestalten.

Die Zukunft der Drohnentechnologie liegt in der Schaffung neuer Horizonte, in denen Innovationen und Kreativität eine zentrale Rolle spielen. Während einige dieser Visionen noch in den Kinderschuhen stecken, könnten sie doch den Grundstein für eine Gesellschaft legen, in der Drohnen nicht nur alltäglich sind, sondern auch eine unverzichtbare Rolle für unser Wohlbefinden und unseren Fortschritt spielen. Die Herausforderung besteht darin, diese Potenziale zu erkennen, verantwortungsbewusst zu gestalten und ethische und rechtliche Rahmenbedingungen zu schaffen, die unsere Werte und Ziele reflektieren.

Medizinische Drohnen - Ein Blick in die (mögliche) Zukunft der Gesundheitsversorgung

Die Rolle von Drohnen im medizinischen Bereich könnte in der Zukunft eine revolutionäre Entwicklung erleben. Die Kombination aus fortschrittlicher Technologie und medizinischem Fachwissen könnte dazu beitragen, die Art und Weise zu verändern, wie wir Gesundheitsversorgung verstehen und erleben.

- *Schnelle Lieferung von medizinischem Material*

  Drohnen könnten in der Lage sein, medizinische Vorräte, Medikamente und sogar lebensrettende Geräte in entlegene Gebiete oder in Notfallsituationen zu transportieren. Dies könnte besonders in Regionen mit unzureichender Infrastruktur oder bei Naturkatastrophen von entscheidender Bedeutung sein.

- *Notfallversorgung und Rettung*

  Drohnen könnten als Ersthelfer dienen, indem sie Defibrillatoren oder lebensrettende Medikamente zu Menschen in Notfällen transportieren. Dies könnte wertvolle Minuten retten und die Überlebenschancen erhöhen, insbesondere in schwer zugänglichen Gebieten.

- Überwachung und Diagnose

  Drohnen könnten mit medizinischen Sensoren ausgestattet werden, um Vitalparameter von Patienten zu überwachen oder medizinische Bilder aufzuzeichnen. Ärzte könnten diese Daten nutzen, um Fernüberwachung und Diagnosen durchzuführen, was besonders in ländlichen Gebieten oder bei Patienten mit eingeschränkter Mobilität von Vorteil wäre.

- *Telemedizinische Versorgung*

  Drohnen könnten als Plattformen für telemedizinische Konsultationen dienen. Ärzte könnten von entfernten Standorten aus Patienten beraten und sogar medizinische Prozeduren durchführen, indem sie Drohnen steuern, die mit medizinischen Instrumenten ausgestattet sind.

- *Bluttransport und Organspenden*

  Die rasche Lieferung von Blutkonserven oder transplantierbaren Organen per Drohne könnte lebensrettend sein, da Organtransplantationen von der schnellen Verfügbarkeit abhängig sind.

Der medizinische Nutzen von Drohnen in der Zukunft könnte die Gesundheitsversorgung demokratisieren und den Zugang zu hochwertiger medizinischer Versorgung verbessern. Dabei müssen jedoch Herausforderungen wie Datenschutz, medizinische Sicherheit und die Integration von Drohnen in die bestehenden medizinischen Systeme berücksichtigt werden. Durch die enge Zusammenarbeit von Technologieentwicklern, Ärzten, Gesundheitsexperten und Regulierungsbehörden könnte eine Zukunft geschaffen werden, in der Drohnen nicht nur den Himmel beherrschen, sondern auch unsere Gesundheit positiv beeinflussen.

Die soziale Evolution mit Drohnen - Entwicklungen, Interaktionen und Veränderungen

In der zukünftigen Gesellschaft könnten Drohnen eine erweiterte soziale Rolle einnehmen, die unsere Interaktionen und Alltagsabläufe auf vielfältige Weise beeinflusst. Diese Technologie könnte nicht nur bestehende Strukturen verändern, sondern auch völlig neue Möglichkeiten der Teilhabe, Kommunikation und Unterhaltung schaffen.

Community-Aufbau und Zusammenarbeit

Drohnen könnten bei der Schaffung von Gemeinschaftsgefühl helfen, indem sie soziale Treffpunkte schaffen. Virtuelle Versammlungen in der Luft könnten soziale Interaktionen fördern und Menschen aus verschiedenen Teilen der Welt miteinander verbinden.

Neue Formen der Lieferung und Dienstleistung

Stellen Sie sich vor, Drohnen könnten nicht nur Waren liefern, sondern auch Dienstleistungen wie Reparaturen, Reinigung oder medizinische Konsultationen durchführen. Dies würde eine neue Dimension des Komforts und der Verfügbarkeit schaffen.

Bürgerjournalismus und Meinungsfreiheit

Individuen könnten Drohnen nutzen, um Ereignisse aus erster Hand zu dokumentieren und unabhängigen Bürgerjournalismus zu betreiben. Dies könnte dazu beitragen, alternative Perspektiven in der Berichterstattung zu fördern und die Meinungsfreiheit zu stärken.

Interaktive Erfahrungen und Unterhaltung

Drohnen könnten als Plattformen für immersive Unterhaltung dienen, bei der Menschen in virtuelle Welten eintauchen können. Drohnenflüge könnten zu spannenden Abenteuern und interaktiven Erlebnissen werden, die das klassische Verständnis von Unterhaltung überwinden.

Soziale Verantwortung und Aktivismus

Drohnen könnten als Werkzeuge des Aktivismus dienen, um auf soziale und ökologische Probleme aufmerksam zu machen. Protestaktionen könnten durch Drohneneinsätze eine neue Dimension erhalten, die sowohl kreativ als auch wirkungsvoll ist.

Arbeitswelt und Mobilität

In der Zukunft könnten Drohnen auch die Art und Weise verändern, wie wir arbeiten und uns bewegen. Remote-Arbeit könnte durch Drohnen ermöglicht werden, die Menschen in virtuelle Büros bringen. Pendelzeiten könnten reduziert werden, da Drohnen als persönliche Transportmittel dienen könnten.

Die Zukunft der Gesellschaft mit Drohnen könnte eine völlig neue soziale Dynamik schaffen, die über die gegenwärtigen Vorstellungen hinausgeht. Diese Technologie könnte eine breitere Beteiligung ermöglichen, die Menschen näher zusammenbringen und neue Formen des Engagements, der Unterhaltung und der Interaktion fördern. Dabei sind jedoch auch Fragen der Privatsphäre, der Sicherheit und der ethischen Nutzung zu berücksichtigen, um sicherzustellen, dass diese Entwicklungen im Einklang mit unseren Werten und Bedürfnissen stehen.

Die rasanten Fortschritte in der Drohnentechnologie eröffnen ein reiches Spektrum an Potenzialen für die Gesellschaft. Obwohl die Zukunft noch viele unbekannte Aspekte birgt, ist es von entscheidender Bedeutung, dass die Entwicklung und Integration von Drohnen in die Gesellschaft von umfassenden Diskussionen, Forschung und ethischer Reflexion begleitet wird. Die Zukunft der Drohnentechnologie hängt von unserer Fähigkeit ab, verantwortungsbewusste und nachhaltige Entscheidungen zu treffen, um eine harmonische Koexistenz von Mensch und Technologie zu gewährleisten.

Sprechende KI-Drohnen - Potenziale und Auswirkungen auf die Gesellschaft

Sprechende KI-Drohnen, die mit künstlicher Intelligenz ausgestattet sind, könnten in der Zukunft eine Vielzahl von Auswirkungen auf die Gesellschaft haben. Diese Technologie könnte weit über die herkömmliche Nutzung von Drohnen hinausgehen und neue Möglichkeiten der Interaktion und Unterstützung bieten.

- *Unterhaltung und soziale Interaktion*

  Sprechende KI-Drohnen könnten eine neue Ebene der Unterhaltung bieten, indem sie Gespräche führen, Witze erzählen oder Geschichten erzählen. Insbesondere für

Menschen, die alleine leben oder in sozial isolierten Situationen sind, könnten solche Drohnen eine willkommene Gesellschaft bieten und zur Verbesserung des emotionalen Wohlbefindens beitragen.

Für Kinder und Jugendliche könnten sprechende KI-Drohnen als personalisierte Lernbegleiter dienen. Sie könnten individuelle Lernbedürfnisse erkennen und dabei helfen, Wissenslücken zu schließen oder komplizierte Konzepte zu erklären. Dies könnte dazu beitragen, das Bildungsniveau zu verbessern und das Lernen zu fördern.

- *Seniorenbetreuung und Gesundheitsüberwachung*

  Sprechende KI-Drohnen könnten älteren Menschen Gesellschaft leisten und gleichzeitig ihre Gesundheit überwachen. Sie könnten Erinnerungen an Medikamenteneinnahmen senden, bei der Durchführung von Übungen helfen oder im Notfall Hilfe rufen. Dies könnte die Lebensqualität von Senioren verbessern und ihre Unabhängigkeit fördern.

- *Kinderbetreuung und Sicherheit*

  Eltern könnten sprechende KI-Drohnen verwenden, um ihre Kinder zu überwachen und sicherzustellen, dass sie sich in sicherem Umfeld bewegen. Diese Drohnen könnten Kinder auf dem Weg zur Schule begleiten, auf dem Spielplatz beaufsichtigen oder bei der Suche nach vermissten Kindern helfen.

- *Neue Formen der Kommunikation*

  Sprechende KI-Drohnen könnten auch Menschen mit eingeschränkter Kommunikationsfähigkeit unterstützen, indem sie als Vermittler dienen. Sie könnten Texte in gesprochene Sprache umwandeln oder umgekehrt, um

Menschen zu helfen, ihre Gedanken und Gefühle auszudrücken.

Die Einführung sprechender KI-Drohnen wirft jedoch auch ethische und soziale Fragen auf. Es ist wichtig, die Privatsphäre und Sicherheit der Nutzer zu gewährleisten und sicherzustellen, dass die Technologie verantwortungsbewusst eingesetzt wird. Die Integration von sprechenden KI-Drohnen in die Gesellschaft erfordert sorgfältige Überlegungen, um das volle Potenzial der Technologie zu nutzen, ohne dabei die grundlegenden Werte und Bedürfnisse der Menschen zu vernachlässigen.

Die Welt der Drohnen ist geprägt von faszinierenden Möglichkeiten, die weit über das hinausgehen, was wir uns heute vorstellen können. Von der Unterstützung in Notfallsituationen über die Veränderung der Art und Weise, wie wir arbeiten, bis hin zur Schaffung neuer Formen der Unterhaltung und sozialen Interaktion – die Zukunft der Drohnentechnologie ist voller Versprechungen.

Doch mit den Versprechungen kommen auch Verantwortung und Herausforderungen. Die schnelle technologische Entwicklung erfordert von uns, sorgfältig darüber nachzudenken, wie wir diese Technologie nutzen wollen, um die besten Ergebnisse für die Gesellschaft zu erzielen. Ethik, Privatsphäre, Umweltschutz und soziale Auswirkungen werden wichtige Faktoren sein, die bei der Gestaltung der Zukunft der Drohnen berücksichtigt werden müssen.

Während wir uns auf die aufregenden Entwicklungen vorbereiten, sollten wir nie vergessen, dass letztendlich der Mensch hinter der Technologie steht. Die Art und Weise, wie wir Drohnen einsetzen, wird unsere Werte und Prioritäten widerspiegeln. Es liegt an uns, die Chancen zu nutzen und die Herausforderungen zu meistern, um eine bessere, innovativere und nachhaltigere Zukunft mit Drohnen zu gestalten.

Kapitel 7 lädt Sie nun ein, noch tiefer in die Welt der Drohnen einzutauchen und konkrete Anwendungen, Ideen und Praktiken zu entdecken, die bereits heute inspirieren. Von der Fotografie bis hin zu Privatanwendungen, von Luftbildern bis hin zu kreativen Innovationen – Kapitel 7 wird Ihre Neugier aufrechterhalten und Ihr Verständnis für die vielfältigen Facetten der Drohnentechnologie erweitern. Tauchen Sie ein und lassen Sie sich von den Möglichkeiten begeistern, die Drohnen für die private Nutzung und Fotografie bereithalten.

Die Zukunft hebt ab – Ein Blick auf das Potential von Drohnen

Drohnen haben bereits heute eine transformative Wirkung auf verschiedene Bereiche unseres Lebens. Aber was erwartet uns in der Zukunft? Kapitel 7 nimmt uns mit auf eine Reise in die faszinierende Welt der Drohnen, die noch unerschlossene Potenziale und innovative Anwendungen in sich trägt.

Es lädt Sie ein, sich von der Vorstellungskraft und Kreativität der Drohnentechnologie inspirieren zu lassen. Es zeigt uns, dass die Grenzen dessen, was Drohnen erreichen können, noch lange nicht erreicht sind. Die Zukunft hebt ab, und mit ihr eröffnen sich endlose Möglichkeiten, die Welt neu zu gestalten und unseren Horizont zu erweitern.

Klimawandel

Drohnen könnten eine entscheidende Rolle im Kampf gegen Umweltverschmutzung und Klimawandel spielen. Von der Überwachung von Naturschutzgebieten bis hin zur Überwachung von Abgasemissionen in Städten könnten Drohnen dazu beitragen, Umweltprobleme besser zu verstehen und Maßnahmen zur Reduzierung zu ergreifen.

Agrarrevolution durch Präzisionslandwirtschaft

Drohnen könnten die Landwirtschaft revolutionieren, indem sie den Landwirten detaillierte Daten über ihre Felder liefern. Von der Überwachung von Pflanzengesundheit bis hin zur präzisen Ausbringung von Düngemitteln könnten Drohnen dazu beitragen, die Effizienz der Landwirtschaft zu steigern und Ressourcen zu schonen.

Logistik der Zukunft

Die Lieferung von Waren und Gütern könnte durch Drohnen schneller und effizienter werden. Denken Sie an den Zustellprozess von Medikamenten in entlegenen Gebieten oder die Belieferung von Notfallausrüstung an schwer zugänglichen Orten. Drohnen könnten die Lieferketten transformieren und zu einer schnelleren Versorgung beitragen.

Innovative medizinische Anwendungen

Drohnen könnten als fliegende Rettungsteams fungieren und lebensrettende Medikamente oder medizinische Geräte in entlegene Regionen bringen. Sie könnten auch bei der Überwachung von Epidemien oder der Sammlung von Proben in gefährlichen Umgebungen eingesetzt werden.

Kulturelle und kreative Ausdrucksformen

Drohnen könnten zu neuen Formen der Kunst und Kreativität führen. Von spektakulären Lichtshows bis hin zu fliegenden Kunstinstallationen könnten Drohnen unsere Vorstellungskraft herausfordern und die Grenzen dessen erweitern, was möglich ist.

Mensch-Maschine-Interaktion

Drohnen könnten Teil unseres täglichen Lebens werden und eine nahtlose Interaktion mit Menschen ermöglichen. Von persönlichen Assistenten, die uns durch den Tag begleiten, bis hin zu Drohnen als Begleiter für Freizeitaktivitäten könnten sie eine tiefgreifende Verbindung zwischen Mensch und Technologie schaffen.

Kapitel 7.1 - Technologische Innovationen und Trends

Drohnen auf dem Vormarsch

Die Welt der Drohnen entwickelt sich mit atemberaubender Geschwindigkeit weiter, und Kapitel 7.1 wirft einen genaueren Blick auf die neuesten technologischen Innovationen und aufkommenden Trends. Diese Fortschritte haben nicht nur die Fähigkeiten von Drohnen erweitert, sondern auch die Art und Weise, wie wir sie nutzen können.

Nun gibt es einen Vorgeschmack auf die technischen, aufregenden Entwicklungen, die die Drohnentechnologie in naher Zukunft prägen werden. Von noch intelligenteren Flugmodi bis hin zu Kameras, die kinoreife Aufnahmen ermöglichen, ist die Zukunft der Drohnen hell und voller Möglichkeiten

Permanente Evolution

In der Welt der Drohnen steht Veränderung an erster Stelle. Hersteller wie DJI, Parrot und Yuneec setzen kontinuierlich neue Maßstäbe, indem sie innovative Funktionen wie Quick Shots, Hinderniserkennung und verbesserte Flugstabilität einführen. Diese Fortschritte ermöglichen nicht nur beeindruckende Luftaufnahmen, sondern eröffnen auch spannende kreative Möglichkeiten.

Intelligente Flugmodi

Drohnen werden zunehmend intelligent und benutzerfreundlich. Vorprogrammierte Flugmodi wie "Follow Me", "Waypoint Navigation" und "Orbit" ermöglichen es Anwendern, beeindruckende Aufnahmen zu erstellen, ohne sich auf komplexe Steuerungen konzentrieren zu müssen. Dies eröffnet sowohl Anfängern als auch erfahrenen Nutzern völlig neue Perspektiven.

Kameras auf dem Vormarsch

Die Kameras von Drohnen haben eine beeindruckende Entwicklung durchlaufen. Von 4K-Auflösung bis hin zu Bildstabilisierung bieten moderne Drohnenkameras eine unglaubliche Bildqualität. Fortschritte in der Bildverarbeitungstechnologie ermöglichen es Nutzern, professionelle Aufnahmen aus der Luft zu erstellen, die zuvor unvorstellbar waren.

Erweiterte Sicherheitsfunktionen

Mit dem Aufkommen von Drohnen wächst auch die Notwendigkeit von verbesserten Sicherheitsfunktionen. Hersteller integrieren fortschrittliche Hinderniserkennungssysteme, die Kollisionen verhindern können. Darüber hinaus könnten Technologien wie Geofencing dazu beitragen, drohnensensitive Gebiete zu schützen und sicherzustellen, dass Drohnen verantwortungsbewusst eingesetzt werden. No Flight Zones können effektiv berücksichtigt werden. 360 Grad Hinderniserkennung wie beispielsweise bei der DJI Air 3 oder der Mini 4 Pro.

Konnektivität und KI

Drohnen könnten in der Zukunft noch stärker mit KI-Systemen verbunden werden, was ihre Autonomie und intelligente Entscheidungsfindung erhöhen würde. Die Möglichkeit der drahtlosen Kommunikation zwischen Drohnen und anderen intelligenten Geräten eröffnet eine neue Welt der Koordination und Zusammenarbeit.

**Programmierung und Apps von Drittanbietern –
Erweitern Sie doch einfach Ihre Drohnenmöglichkeiten**

Die Welt der Drohnen ist nicht nur von Hardware geprägt, sondern auch von leistungsstarker Software und Anwendungen von Drittanbietern, die das volle Potenzial Ihrer Drohne freisetzen können. Kapitel 7.2 beleuchtet die aufstrebende Rolle von Programmierung und Apps, die ein neues Maß an Kreativität und Funktionalität in die Drohnennutzung bringen.

Open-Source-Plattformen

Viele Drohnenhersteller bieten Open-Source-Plattformen an, die es Entwicklern ermöglichen, maßgeschneiderte Software und Apps zu erstellen. Diese Plattformen eröffnen eine Welt von Anpassungsmöglichkeiten, von der Steuerung der Flugbahn bis hin zur Integration von Sensorik.

Drohnenprogrammierung für Einsteiger

Dank benutzerfreundlicher Programmierumgebungen können auch Anfänger ohne umfangreiche Programmierkenntnisse die Welt der Drohnenprogrammierung erkunden. Dies ermöglicht es Nutzern, spezielle Flugmanöver zu erstellen oder sogar Drohnen mit zusätzlichen Funktionen auszustatten.

Apps von Drittanbietern

Eine Vielzahl von Apps von Drittanbietern erweitert die Funktionalität von Drohnen. Von Kartenanwendungen, die detaillierte Flugroutenplanung ermöglichen, bis hin zu Kreativtools, die beeindruckende visuelle Effekte erzeugen, bieten diese Apps unendliche Möglichkeiten, das Flugerlebnis zu verbessern.

Beispielapps für DJI Drohnen: Litchi, Maven, DroneVR2 etc....

Drohnen in der Forschung und Bildung

Programmierbare Drohnen haben auch in der Forschung und Bildung Fuß gefasst. Von der Vermittlung von Grundlagen in der Robotik bis hin zur Sammlung wissenschaftlicher Daten in entlegenen Gebieten könnten Drohnen dazu beitragen, neue Horizonte in diesen Bereichen zu eröffnen.

Industrielle Anwendungen

In Industrie und Gewerbe könnten spezialisierte Apps von Drittanbietern dazu verwendet werden, Drohnen in komplexen Umgebungen zu steuern. Dies reicht von der Inspektion von Infrastruktur bis hin zur Überwachung von Baustellen.

Es zeigt sich, dass die Fähigkeit zur Programmierung und die Nutzung von Apps von Drittanbietern die Tür zu einer Welt von Möglichkeiten öffnen. Drohnen werden zu mehr als nur Werkzeugen – sie werden zu vielseitigen Plattformen, die durch die Kreativität und Innovation von Entwicklern und Nutzern erweitert werden können. Die Programmierung eröffnet ein neues Kapitel in der Drohnenwelt und hebt die Grenzen dessen, was möglich ist, auf neue Höhen.

Zubehör für Drohnen - Maßgeschneiderte Möglichkeiten und Erweiterungen

Die Welt der Drohnen umfasst nicht nur die fliegenden Wunder selbst, sondern auch eine beeindruckende Vielfalt an Zubehör, das die Einsatzmöglichkeiten erweitert und die Nutzererfahrung optimiert. Zubehörteile, sei es von den Herstellern wie DJI oder von Drittanbietern, spielen eine entscheidende Rolle bei der Anpassung und Optimierung der Drohnenerfahrung.

Kreative Erweiterungen

Ein Beispiel für kreatives Zubehör sind GoPro-Halterungen, die die Integration von Action-Kameras ermöglichen. Dadurch eröffnen sich einzigartige Perspektiven und Möglichkeiten zur Schaffung beeindruckender Aufnahmen. Ebenso können spezielle Filter-Sets (ND-Filter) die Bildqualität verbessern und professionelle Aufnahmen ermöglichen.

ND-Filter-Erklärung: ND-Filter sind so genannte Neutraldichte (ND) Filter, die die Menge an Licht reduzieren, um Überblendungen und Überbelichtungen zu reduzieren und so das optimale Bild zu erfassen.

Scheinwerfer und Beleuchtung

Die Integration von Scheinwerfern oder anderen
Beleuchtungseinrichtungen in das Drohnenzubehör ermöglicht es,
auch bei schlechten Lichtverhältnissen bessere Aufnahmen zu
machen. Dies ist besonders nützlich bei Aufnahmen in der
Dämmerung oder in der Nacht.

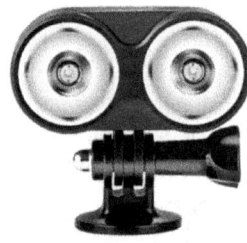
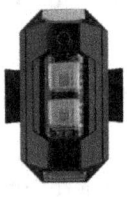

Doppelscheinwerfer Drohnen   Nachtlicht für Drohnen

Abwurfvorrichtungen

Ein weiteres Beispiel für Drohnenzubehör sind
Abwurfvorrichtungen. Diese können in vielfältigen Szenarien
eingesetzt werden, sei es für die Lieferung von
Rettungsmedikamenten in abgelegenen Gebieten oder für die
Bereitstellung von Hilfsgütern in Notfällen.

Drittanbieter-Innovation

Neben den Herstellern gibt es eine Vielzahl von unabhängigen Entwicklern und Unternehmen, die innovatives Drohnenzubehör auf den Markt bringen. Dies reicht von GPS-Trackern zur Vermeidung von Verlusten bis hin zu spezialisierten Halterungen für wissenschaftliche Instrumente.

Individuelle Anpassung

Das Zusammenspiel von Drohne und Zubehör ermöglicht eine individuelle Anpassung an die spezifischen Anforderungen und Bedürfnisse der Nutzer. Diese Flexibilität erweitert den Einsatzbereich von Drohnen erheblich und eröffnet eine Welt von Möglichkeiten, die über die Standardfunktionen hinausgehen.

Zukunft des Drohnenzubehörs

Die Entwicklung von Drohnentechnologie wird nicht nur von den Herstellern vorangetrieben, sondern auch von den kreativen Köpfen, die innovatives Zubehör entwickeln. Die Zukunft verspricht eine noch größere Auswahl an Zubehör, das die Funktionalität, Kreativität und Vielseitigkeit von Drohnen weiter steigert. Zubehör wird zu einem essenziellen Teil der Drohnenerfahrung und trägt dazu bei, dass Drohnen in immer mehr Bereichen unseres Lebens eine wichtige Rolle spielen.

Kapitel 7.2 – Neue Anwendungsbereiche und Branchen

Drohnen erobern die virtuelle Zukunft

Die Zukunft der Drohnentechnologie liegt nicht nur in den herkömmlichen Einsatzbereichen, sondern auch in einer futuristischen Symbiose mit IT und KI. In einer Welt, in der die Grenzen zwischen Realität und Virtualität verschwimmen, eröffnen sich unzählige Möglichkeiten für Drohnen, die bislang unvorstellbar waren. Dieses Kapitel wirft einen Blick in die fernöstliche Kristallkugel und entwirft ein Bild von Drohnen, die nicht nur in der physischen Welt agieren, sondern auch in virtuellen Sphären.

Drohnengesteuerte KI-Kriege

Die Zukunft könnte von Drohnen dominiert werden, die in virtuellen Welten agieren und KI-gesteuerte Schlachten führen. Sie könnten in komplexe Simulationen eintauchen, um Kriege zu führen, ohne physisch in den Konflikt involviert zu sein. Drohnen als digitale Generäle, die auf Code und Algorithmen basierende Schlachtstrategien ausführen.

Virtuelle KI-Drohnenspieler

In der Gaming-Industrie könnten Drohnen zu den ultimativen Spielern werden. KI-gesteuerte Drohnen könnten als herausfordernde Gegner in virtuellen Welten agieren, immer bereit, den Spielern eine neue Herausforderung zu bieten. Spieler könnten gegen Flotten von Drohnen antreten, die in der virtuellen Welt genauso agil und clever sind wie in der Realität.

Cyber-Drohnen-Verteidiger

Mit dem Aufkommen fortschrittlicher KI-Systeme könnten Drohnen zu Wächtern des Cyberspace werden. Sie könnten sich in virtuellen Netzwerken bewegen, auf der Jagd nach bösartiger Software und schädlichen Codes. Drohnen als digitale Wachhunde, die virtuelle Systeme vor Angriffen schützen und verteidigen.

Avatar-Drohnen in der virtuellen Realität

In einer zunehmend vernetzten Welt könnten Drohnen zu den Verlängerungen unseres Selbst in virtuellen Welten werden. Durch VR-Technologie könnten Menschen ihre Drohnen in virtuelle Avatare verwandeln, die in fernen Ländern agieren oder an virtuellen Treffen teilnehmen. Eine neue Art der Interaktion, bei der physische Barrieren überwunden werden.

Virtuelle Realität und Drohnen-KI-Symbiose

Die Verschmelzung von Drohnen, KI und VR könnte zu einer neuen Form der Existenz führen. Menschen könnten Drohnen mit VR-Brillen steuern und so in die virtuelle Welt eintauchen. Drohnen könnten in VR-Umgebungen agieren, um Informationen zu sammeln, zu analysieren und real-time umzusetzen. Die Kombination von Drohnen, VR und KI eröffnet ein Universum von Möglichkeiten, das weit über die physische Realität hinausgeht.

Es wird eine Welt enthüllt, in der Drohnen nicht nur die physische Realität beeinflussen, sondern auch die Grenzen der virtuellen Welt überschreiten. Diese futuristischen Szenarien mögen heute noch abwegig erscheinen, doch sie könnten bald Realität werden und die Art und Weise, wie wir Drohnen sehen und nutzen, für immer verändern.

Drohnen sind in Zukunft nicht mehr wegzudenken - Ein weiterer Blick auf das Potential von Drohnen

Revolution der Filmindustrie durch Drohnen

Die Filmindustrie hat seit jeher nach neuen Möglichkeiten gesucht, um beeindruckende visuelle Effekte und aufregende Aufnahmen zu erzielen. Mit der Einführung von Drohnen in Hollywood hat sich diese Suche in eine Revolution verwandelt. Drohnenpiloten mit fortschrittlichen Modellen wie der DJI Inspire 3 (Enterprise) haben die Art und Weise, wie Filme produziert werden, grundlegend verändert.

Drohnen bieten in der Filmindustrie eine nie dagewesene Flexibilität und Kreativität. Früher mussten teure Hubschrauber mit Kameraleuten an Bord eingesetzt werden, um spektakuläre Luftaufnahmen zu erzielen. Heute können Drohnen mit ihren hochauflösenden Kameras und stabilisierenden Technologien Hollywood-Filmqualität erreichen, ohne die Kosten und Komplikationen, die mit Hubschraubern einhergehen und vor allem wesentlich umweltfreundlicher.

Stunts und atemberaubende Szenen

Drohnen haben die Möglichkeit geschaffen, beeindruckende Stunts, rasante Auto- und Motorradrennen sowie atemberaubende Verfolgungsjagden zu filmen. Die Wendigkeit und Präzision von Drohnen ermöglicht es Filmemachern, Szenen zu kreieren, die zuvor unmöglich schienen. Die Perspektiven, aus denen Aufnahmen gemacht werden können, sind vielfältig und eröffnen eine neue Welt der Kreativität.

Innovative Blickwinkel und Aufnahmen

Die Möglichkeit, Drohnen in Szenen einzusetzen, die aus der Luft gefilmt werden sollen, hat zu einer neuen visuellen Ästhetik geführt. Von epischen Landschaftsaufnahmen bis hin zu dramatischen Verfolgungsjagden zwischen Wolkenkratzern - Drohnen bieten Filmemachern die Freiheit, innovative Blickwinkel zu nutzen und einzigartige Aufnahmen zu erstellen, die das Publikum fesseln.

Effizienz und Kostenersparnis

Die Verwendung von Drohnen in der Filmproduktion hat nicht nur die visuelle Qualität verbessert, sondern auch die Effizienz und Kostenersparnis erhöht. Der Einsatz von Hubschraubern und Kameracrews war oft teuer und zeitaufwändig. Mit Drohnen können Filmemacher schneller drehen, flexibler arbeiten und dabei Kosten reduzieren.

Neue kreative Möglichkeiten

Die Verwendung von Drohnen hat nicht nur bestehende Möglichkeiten erweitert, sondern auch neue kreative Wege eröffnet. Regisseure können jetzt innovative Kamerafahrten und Bewegungsmuster umsetzen, die zuvor unvorstellbar waren. Dies ermöglicht es, Geschichten visuell auf eine ganz neue Art und Weise zu erzählen.

Die Zukunft der Filmindustrie wird zweifellos von den Möglichkeiten der Drohnentechnologie geprägt sein. Filmemacher werden weiterhin neue Wege finden, um Drohnen in ihre Produktionen zu integrieren, sei es für spektakuläre Action-Szenen, atemberaubende Landschaftsaufnahmen oder innovative Kamerafahrten. Die Kombination aus Kreativität und Technologie wird die Art und Weise, wie Geschichten erzählt werden, in unvorhersehbare Richtungen lenken und das Publikum weltweit weiterhin in Staunen versetzen.

DJI Inspire 3 und Nachfolgermodelle - Revolution der Hollywood-Filmindustrie

Die DJI Inspire 3 (und Nachfolger) - Flaggschiffe für die Filmwelt

Die DJI Inspire 3 hat sich als unverzichtbares Werkzeug in der Hollywood-Filmindustrie etabliert und trägt maßgeblich zur Transformation von Filmschaffenden bei. Mit einer beeindruckenden Liste von Merkmalen und technischen Daten hat die DJI Inspire 3 die Art und Weise, wie Filme produziert werden, grundlegend verändert und eröffnet unzählige Möglichkeiten für professionelle Filmemacher:innen.

360°-Schwenk- und Neigungsverstärkungsstruktur

Die DJI Inspire 3 ist mit einer bahnbrechenden 360°-Schwenk- und Neigungsverstärkungsstruktur ausgestattet. Diese Funktion ermöglicht es Filmemachern, fließende und dynamische Kamerafahrten zu erstellen, die zuvor nur schwer umsetzbar waren. Diese innovative Technologie eröffnet neue kreative Möglichkeiten, um Bewegungen und Szenen mit hoher Präzision und Professionalität zu gestalten.

Professionelle Anwendungen

Die DJI Inspire 3 wurde speziell für professionelle Filmemacher:innen entwickelt und bietet eine Fülle von Funktionen, die in der Filmproduktion unerlässlich sind. Die integrierte hochpräzise RTK-Positionierungstechnologie, die in Branchen wie Architektur und Vermessung verwendet wird, bietet eine zentimetergenaue Positionierung und ermöglicht präzise Flugrouten und Aufnahmen.

Wegpunkt Pro für Luftbildaufnahmen

Die DJI Inspire 3 ist mit der fortschrittlichen Wegpunkt Pro-Technologie ausgestattet, die speziell für Luftbildaufnahmen entwickelt wurde. Filmemacher können Flugrouten planen und individuelle Einstellungen für Aufnahmen festlegen. Mit wiederholbaren Routen fliegt die Drohne automatisch auf denselben Wegen und hält alle voreingestellten Parameter ein, um konsistente Aufnahmen zu gewährleisten.

Omnidirektionales Erkennungssystem

Die Inspire 3 verfügt über ein omnidirektionales Erkennungssystem, das Hindernisse in allen Richtungen erkennen kann. Diese Technologie ermöglicht es der Drohne, sicher durch komplexe Umgebungen zu navigieren und Kollisionen zu vermeiden, während sie beeindruckende Luftaufnahmen erstellt.

Filmqualität und Übertragungstechnologie

Die DJI Inspire 3 ist mit einer 1/1,8-Zoll-Sensor-FPV-Kamera ausgestattet, die hochauflösende Live-Feeds mit bis zu 1080p/60fps übertragen kann. Die DJI O3 Pro Übertragungstechnologie sorgt für stabilere Verbindungen, selbst in komplexen Umgebungen, und gewährleistet eine reibungslose Übertragung der Filmqualität.

Ein Blick in die Zukunft der Filmindustrie

Die DJI Inspire 3 hat die Filmindustrie revolutioniert, indem sie Filmemachern eine unübertroffene Flexibilität, Präzision und Qualität bietet. Von atemberaubenden Luftaufnahmen bis hin zu spektakulären Verfolgungsjagden - die Inspire 3 eröffnet eine Welt der kreativen Möglichkeiten. Die Filmindustrie kann sich auf eine aufregende Zukunft freuen, in der Drohnentechnologie eine immer bedeutendere Rolle spielt und die Art und Weise, wie Geschichten erzählt werden, weiterhin transformiert.

Die Technologie hinter der DJI Inspire 3 - Ein Blick unter die Haube

(Darstellung anhand der momentan besten Drohne |DJI Inspire 3|
für die Filmindustrie)

Die Kraft des 3-Achsen Gimbals

Die DJI Inspire 3 ist mit einem hochmodernen 3-Achsen Gimbal ausgestattet, der Neigungen, Schwenks und Rollen stabilisiert. Mit einem beeindruckenden mechanischen Bereich von -128° bis +110° im Landegestell unten und -148° bis +90° im Landegestell oben eröffnet der Gimbal eine breite Palette von kreativen Möglichkeiten für professionelle Filmemacher:innen. Die Schwenkfunktion ermöglicht ein beeindruckendes Panorama, während die Neigungs- und Rollstabilisierung die Aufnahme von klaren, ruckelfreien Bildern und Videos gewährleistet.

Erkennungssystem für ultimative Sicherheit

Die DJI Inspire 3 verfügt über ein hochentwickeltes omnidirektionales binokulares Sichtsystem, das mit Kameras an den Stützen ausgestattet ist. Dieses System ermöglicht die präzise Erkennung von Hindernissen in verschiedenen Richtungen. Von vorne bis hinten, oben bis unten - die DJI Inspire 3 kann sich sicher in komplexen Umgebungen bewegen und Kollisionen vermeiden, während sie atemberaubende Luftaufnahmen erstellt.

X9-8K Air-Kamera für beeindruckende Bildqualität

Die DJI Inspire 3 ist mit der beeindruckenden X9-8K Air-Kamera ausgestattet, die einen 35mm Vollformat-CMOS-Sensor verwendet. Diese Kamera erfasst Bilder und Videos in höchster Qualität und unterstützt verschiedene Objektive, um den Bedürfnissen von Filmemacher:innen gerecht zu werden. Mit einer maximalen Auflösung von 8192x4320p75 (ProRes RAW) und 8192x5456 (Foto) ermöglicht die X9-8K Air-Kamera beeindruckende visuelle Ergebnisse.

Hochleistungs-Videoübertragungssystem

Die DJI Inspire 3 nutzt das DJI O3 Pro Übertragungssystem für Live-Feeds und Videoübertragung. Mit Frequenzen von 2,400 - 2,4835 GHz und 5,725 - 5,850 GHz bietet dieses System eine stabile und zuverlässige Übertragung in beeindruckender Qualität. Die DJI Inspire 3 kann beeindruckende Reichweiten von bis zu 15 km (FCC) im Einzel-Steuerungsmodus erreichen und ermöglicht es Filmemacher:innen, weitreichende Luftaufnahmen zu erstellen.

Innovative Fernsteuerung

Die DJI Inspire 3 wird von der fortschrittlichen Fernsteuerung RC Plus (RM700B) gesteuert. Mit einem 7 Zoll Display und einer Auflösung von 1080p60 bietet die Fernsteuerung eine hervorragende Bildqualität für eine präzise Steuerung. Die DJI O3 Pro Übertragungstechnologie

---

232

sorgt für eine zuverlässige Verbindung zwischen der Drohne und der Fernsteuerung, und die integrierten Funktionen bieten eine intuitive Steuerungserfahrung.

Akku und Betriebsumgebung

Die DJI Inspire 3 ist mit einem leistungsstarken intelligenten Flug-Akku ausgestattet, der eine Kapazität von 5000 mAh und eine Belastbarkeit von 77 Wh bietet. Dieser Akku ermöglicht lange Flugzeiten und bietet die benötigte Energie für die anspruchsvollen Aufnahmen in der Filmproduktion. Die Drohne ist in der Lage, in einer Vielzahl von Umgebungen zu arbeiten, von -20 bis 50°C Betriebstemperatur, um die Herausforderungen unterschiedlicher Drehorte zu bewältigen.

Eine neue Ära in der Filmindustrie

Die DJI Inspire 3 mit ihrer beeindruckenden Technologie und Leistung hat die Art und Weise, wie Filme produziert werden, für immer verändert. Von der Stabilisierung des 3-Achsen Gimbals über das hochentwickelte Erkennungssystem bis hin zur leistungsstarken X9-8K Air-Kamera - die DJI Inspire 3 bietet Filmemacher:innen eine Palette von Tools, um ihre kreativen Visionen zum Leben zu erwecken. Mit diesem technologischen Meisterwerk können Filmproduktionen auf ein neues Niveau gehoben werden, während die Grenzen der visuellen Erzählung ständig erweitert werden. Die nächstgrößere Drohne wäre die DJI Matrice, ein echter Brocken unter den Drohnen.

Kapitel 7.3 – Umwelt und Naturschutz

Drohnen im Dienste des Umwelt- und Naturschutzes: Helden der Wildnis

In den frühen Morgenstunden eines Frühlingsmonats beginnt ein faszinierendes Schauspiel, das sich Jahr für Jahr in der Natur abspielt. Die Rehböcke haben ihre Reviere abgesteckt, und die Ricken setzen ihre neugeborenen Kitze in Felder und Wiesen, während die Sonne langsam den Horizont erhellt. Doch die Idylle trügt. Wenn die Mäharbeiten beginnen, lauert eine tödliche Gefahr. Tausende von Rehkitzen werden jedes Jahr bei diesen Arbeiten getötet. Doch in diesem Kampf um das Überleben der jungen Wildtiere haben sich unerwartete Helden erhoben: Drohnen.

Eine moderne Armee von Flugkünstlern hebt ab und durchstreift die Landschaft. Doch sie sind keine normalen Drohnen. Sie sind mit hochauflösenden Kameras ausgestattet, die in der Lage sind, die verletzlichen Kitze aufzuspüren und zu retten. Ihre Mission ist es, Leben zu schützen, indem sie die versteckten Schätze der Natur aufspüren, bevor die Mäharbeiten beginnen. Diese Rehkitzrettung ist nur ein Beispiel für die unzähligen Möglichkeiten, die Drohnen im Umwelt- und Naturschutz bieten.

Drohnen sind nicht nur Retter von Leben, sondern auch wachsamen Hüter der Landschaft. Ein Feld, ein Wald oder ein Fluss - nichts entgeht ihrem wachsamen Auge. Mit millimetergenauer Präzision fliegen sie über die Erdoberfläche und zeichnen den Zustand der Fläche auf. Veränderungen werden sofort erkannt und dokumentiert. Dank der Fähigkeit, wiederholbar zu fliegen, können Vorher-Nachher-Analysen durchgeführt werden, die winzige Veränderungen bis ins kleinste Detail aufzeigen. Hunderte von Einzelbildern werden zu einem Großbild zusammengefügt, das eine Vergrößerung ermöglicht, die das menschliche Auge nie erreichen könnte.

234

Doch nicht nur das Auge nutzen Drohnen, um unsere Welt zu erkunden. Sie nutzen auch die unsichtbare Welt der Wärme. Mit ihren Thermographie-Kameras können sie Gebäude, Solaranlagen und vieles mehr aufspüren. Sie enthüllen Kältebrücken, die Heizkosten in die Höhe treiben, und zeigen auf, ob ein Haus gut isoliert ist. Die Wärmebildkamera ermöglicht eine schnelle und effiziente Schadenserkennung und hilft dabei, Ressourcen zu sparen und den ökologischen Fußabdruck zu reduzieren.

Doch nicht nur in der sichtbaren und unsichtbaren Welt sind Drohnen Meister ihres Fachs. Sie tauchen ein in die komplexen Lebensräume von Flora und Fauna. Als Habiatsanalysten erkennen sie Veränderungen in der Umwelt und stellen sicher, dass Fauna und Flora in Harmonie existieren. Ihre wiederholbaren Großformatfotos zeigen deutlich, wie sich Einflüsse von Tieren oder Naturereignissen auf die Umwelt auswirken. So wird ein schnelles und zielgerichtetes Eingreifen ermöglicht, um das fragile Gleichgewicht zu bewahren.

Doch nicht nur auf Land, sondern auch in der Luft sind Drohnen unermüdliche Helfer. Sie inspizieren Wälder, Dächer, Türme und technische Einrichtungen ohne großen Zeit-, Kosten- und Sicherheitsaufwand. Ihr GPS-genaues Wiederholungsvermögen ermöglicht eine genaue Überwachung und Planung von Wartungsarbeiten und Instandhaltung. Sie bringen Licht in die Höhen und Tiefen, die für das bloße Auge unerreichbar sind.

Und in den tiefsten Wäldern und den entlegensten Landschaften erfassen Drohnen Schäden, die sich im Verborgenen entwickeln. Sie decken auf, was dem menschlichen Auge entgeht, und erfassen die Spuren der Natur, die auf ihren Wegen zurückgelassen werden. Im land- und forstwirtschaftlichen Bereich identifizieren sie Schäden, die erst dann erkannt werden, wenn sie bereits weit fortgeschritten sind. Mit ihren scharfen Augen erkennen sie den Wandel und halten ihn per GPS fest, um spätere Begutachtungen zu ermöglichen.

Drohnen - die modernen Helden des Umwelt- und Naturschutzes

Sie kämpfen für die verletzlichsten Mitglieder unserer Wildnis, überwachen die Landschaft, enthüllen die unsichtbare Welt der Wärme und analysieren die komplexen Beziehungen zwischen Flora und Fauna. Sie bieten Einblicke in unzugängliche Orte, unterstützen die Wartung und Instandhaltung und erfassen Schäden, die im Verborgenen lauern. In der unendlichen Weite der Natur erweisen sich Drohnen als unverzichtbare Partner, die das Gleichgewicht bewahren und die Wunder unserer Welt schützen.

Doch inmitten dieses Heldenepos des Umwelt- und Naturschutzes stellt sich eine wichtige Frage: Sind Drohnen tatsächlich umweltfreundlich? Ein Blick auf verkehrliche Gesichtspunkte zeigt, dass Drohnen in dieser Hinsicht keine nachhaltigere Option darstellen als mögliche Alternativen. Ein einfaches physikalisches Konzept, das wir aus der Schule kennen, bringt es auf den Punkt: die kinetische Energie. Dieses Konzept verdeutlicht, dass das Bewegen auf einer Ebene, sei es mit einem Auto oder einem LKW, weniger Energie aufwendet als das Bewegen in die Luft.

Die eindrucksvolle Flugkunst der Drohnen hat ihren Preis - in Form von Energieverbrauch. Doch diese Tatsache bedeutet nicht das Ende ihrer Bedeutung im Umwelt- und Naturschutz. Drohnen zeigen ihre Stärke in ihrer Fähigkeit, dort präzise eingesetzt zu werden, wo herkömmliche Methoden an ihre Grenzen stoßen. Sie sind die unsichtbaren Wächter, die die Natur in all ihren Facetten überwachen und schützen. Ihre Fähigkeit, in entlegene Gebiete vorzudringen, ermöglicht es, Bedrohungen zu identifizieren, bevor sie eskalieren.

Es ist eine Gratwanderung zwischen den Vorteilen und Herausforderungen, die Drohnen im Umwelt- und Naturschutz mit sich bringen. Während sie als Helden der Wildnis Leben retten und Geheimnisse der Natur enthüllen, müssen wir auch ihre Auswirkungen auf unsere Umwelt und Ressourcen berücksichtigen. Es ist ein Appell, nachhaltige Technologien zu entwickeln und einzusetzen, die sowohl die Bedürfnisse der Wildnis als auch die unserer Welt in Einklang bringen.

Die Drohnen sind dabei mehr als nur Werkzeuge. Sie sind Symbol für die Menschheit, die ihre technologische Macht nutzt, um das zu schützen, was am kostbarsten ist - unsere Erde. In den Händen derjenigen, die sich dem Erhalt der Natur verschrieben haben, werden Drohnen zu einem Instrument des Wandels. Sie zeigen, dass Fortschritt und Nachhaltigkeit sich nicht ausschließen müssen, sondern sich ergänzen können, um eine bessere Zukunft zu gestalten.

So endet unsere Reise durch die vielfältigen Einsatzmöglichkeiten von Drohnen im Dienste des Umwelt- und Naturschutzes. Von der Rehkitzrettung bis hin zur Erkundung unsichtbarer Welten, von der Analyse von Lebensräumen bis zur Entdeckung verborgener Schäden - die Drohnen haben bewiesen, dass sie mehr sind als nur fliegende Maschinen. Sie sind die Helden, die unsere Wildnis schützen und bewahren, und die unsere Menschheit lehren, wie Technologie und Natur im Einklang existieren können. Lasst uns gemeinsam die Flügel der Innovation und Nachhaltigkeit ausbreiten und eine Welt schaffen, in der Mensch und Natur in Harmonie leben.

Kapitel 7.4 – Fazit und Ausblick

Die Zukunft in den Händen der Drohnen und KI

Während wir uns dem Ende unseres Abenteuers durch die faszinierende Welt der Drohnen nähern, wird deutlich, dass wir Zeugen einer Evolution sind, die den Himmel erobert hat. Von den fernen Anfängen bis hin zu den modernen Helden der Wildnis haben wir erlebt, wie Drohnen nicht nur in den Himmel aufstiegen, sondern auch in unsere Herzen und Köpfe.

Die Reise begann mit ihren bescheidenen Anfängen als Spielzeug und erreichte rasch neue Höhen als Werkzeuge, die unser Verständnis von Fotografie, Filmemachen, Kartografie und vielem mehr veränderten. Drohnen gaben uns Augen im Himmel, öffneten uns Türen zu unzugänglichen Orten und enthüllten uns neue Perspektiven auf die Welt, die wir zu kennen glaubten.

Doch die wahre Magie der Drohnen offenbarte sich in ihrem Engagement für unsere Umwelt und den Naturschutz. Als unermüdliche Hüter der Wildnis erfüllten sie ihre Mission, Leben zu retten und Lebensräume zu bewahren. Sie waren die Augen und Ohren, die über Felder und Wälder wachten, die Schäden und Veränderungen erkannten und es uns ermöglichten, rasch zu handeln. Drohnen wurden zu einem Symbol des Gleichgewichts zwischen Technologie und Natur.

In der Ära von KI und Innovation bleiben die Möglichkeiten grenzenlos. Von autonomen Bienenschwärmen bis hin zu sprechenden KI-Drohnen, die uns unterhalten und unterstützen, eröffnen sich neue Horizonte. Doch wie jede neue Technologie birgt auch die Drohnentechnologie Herausforderungen und ethische Fragen, die es zu bewältigen gilt. Es liegt an uns, verantwortungsbewusst und weitsichtig zu handeln, um das volle Potenzial der Drohnen zu nutzen und gleichzeitig die Bedenken und Interessen aller zu berücksichtigen.

Während wir diese Zeilen schreiben, ist die Drohnenindustrie im stetigen Wandel. Neue Innovationen und technologische Durchbrüche warten darauf, entdeckt zu werden. Doch eines ist sicher: Die Reise der Drohnen hat gerade erst begonnen. Die Zukunft liegt in ihren Flügeln, in den Händen derjenigen, die die Macht der Technologie nutzen, um eine nachhaltigere und faszinierende Welt zu gestalten.

Die Reise mag vorerst hier enden, doch das Buch schließt mit einem offenen Ausblick auf das, was noch kommen mag. Es ist eine Einladung, Teil dieser aufregenden Reise zu sein, die Drohnen uns versprechen. Mit jedem Flug, jedem Bild und jedem Einsatz beweisen sie, dass der Himmel nicht länger die Grenze ist - sondern der Beginn von etwas Neuem, Großartigem und Aufregendem.

Die Welt der Drohnen hat uns auf eine Reise mitgenommen, die von fernen Anfängen bis zu futuristischen Horizonten reicht. In den vergangenen Kapiteln haben wir gesehen, wie sich diese kleinen Fluggeräte zu wahren Alleskönnern entwickelt haben. Von der Erkundung des Himmels bis zur Rettung von Leben in entlegenen Gebieten haben Drohnen eine erstaunliche Metamorphose durchlaufen, die uns staunen lässt und die Grenzen des Möglichen neu definiert.

Was einst als einfaches Spielzeug begann, hat sich zu einem vielseitigen Instrument entwickelt, das unser Leben in zahlreichen Bereichen bereichert. Die Luftbildfotografie wurde neu definiert, als Drohnen den Blick von oben ermöglichten und atemberaubende Panoramen und Aufnahmen lieferten, die zuvor unvorstellbar waren. Die Filmindustrie fand in den Drohnen Partner, die Stunts, Verfolgungsjagden und weite Landschaftsaufnahmen mit Leichtigkeit bewältigten.

Doch die wahre Revolution der Drohnen liegt nicht nur in ihrer technischen Brillanz, sondern in ihrer Fähigkeit, die Welt zu einem besseren Ort zu machen. Inmitten einer zunehmend bedrohten Umwelt wurden Drohnen zu wertvollen Verbündeten im Umwelt- und Naturschutz. Sie suchten nach verletzten Tieren, überwachten wertvolle Ökosysteme und lieferten wertvolle Daten, die dazu beitrugen, unsere fragile Umwelt zu schützen und zu bewahren.

Die Symbiose von Drohnentechnologie und KI ermöglichte ungeahnte Entwicklungen. Autonome Bienenschwärme revolutionieren nicht nur die Kriegsführung, sondern könnten auch die Landwirtschaft und die Bestäubung von Pflanzen verbessern. Sprechende KI-Drohnen bringen Unterhaltung und Unterstützung in unseren Alltag, von der Bildung bis zur Kinderbetreuung.

Doch während wir in die Zukunft blicken, sollten wir auch die ethischen und rechtlichen Herausforderungen nicht übersehen. Die Macht der Technologie erfordert verantwortungsbewusstes Handeln und die Schaffung von Regulierungen, die das Gleichgewicht zwischen Innovation und Sicherheit halten.

Die Drohnenindustrie wird sich zweifellos weiterentwickeln und uns mit noch nie dagewesenen Möglichkeiten überraschen. Von den neuesten technologischen Innovationen bis hin zu neuen Anwendungsgebieten werden Drohnen weiterhin eine Schlüsselrolle in unserer Zukunft spielen. Und während wir dieses Buch schließen, wissen wir, dass die wahre Geschichte der Drohnen erst geschrieben wird.

Die Zukunft ist in den Händen der Drohnen - aber sie ist auch in unseren Händen. Als Forscher, Enthusiasten, Verbraucher und Schöpfer haben wir die Möglichkeit, diese Technologie zu gestalten und zu lenken. Lasst uns die Chancen nutzen, die Herausforderungen meistern und gemeinsam die nächste Ära der Drohnen einläuten. In einer Welt, die sich ständig verändert, sind Drohnen das lebendige Symbol für Fortschritt und Innovation. Ihre Flügel tragen uns in eine Zukunft, die so aufregend und vielfältig ist wie nie zuvor.

EXKURS

DJI

Die Anfänge von DJI:

DJI, was für "Dà-Jiāng Innovations Science and Technology Co., Ltd." steht, wurde im Jahr 2006 von Frank Wang in Shenzhen, China, gegründet. Wang hatte eine Vision, die die Art und Weise, wie wir die Welt sehen, verändern sollte - er wollte Drohnen für jedermann zugänglich machen. In den Anfangsjahren konzentrierte sich DJI hauptsächlich auf den Bau von Flugsteuerungssystemen für Modellflugzeuge, aber das Unternehmen entwickelte sich rasch und begann, eigene Drohnen zu produzieren.

Produktpalette:

Eine der bekanntesten Produktlinien von DJI ist die "Phantom"-Serie. Diese Drohnen sind für ihre beeindruckenden Kameras und die Fähigkeit bekannt, atemberaubende Luftaufnahmen und Videos zu erstellen. Sie sind bei Fotografen, Filmemachern und Hobbyisten gleichermaßen beliebt. Die "Mavic"-Reihe von DJI zeichnet sich durch ihre Portabilität aus. Diese Drohnen sind leicht und kompakt, was sie zu idealen Reisebegleitern macht.

Aber DJI macht nicht nur Freizeitdrohnen. Ihre "Matrice"-Serie richtet sich an professionelle Anwender und findet Anwendung in verschiedenen Branchen. Insbesondere in der Landwirtschaft haben diese Drohnen das Potenzial, die Effizienz und Produktivität erheblich zu steigern.

Die neueren FPV-Drohnen von DJI bieten ein aufregendes Flugerlebnis, bei dem du das Gefühl hast, selbst im Cockpit zu sitzen. Diese Drohnen sind für Adrenalinjunkies und Rennsportfans gedacht.

DJI hat eine beeindruckende Produktpalette, die weit über Drohnen hinausgeht. Gehen wir etwas tiefer in die Vielfalt der Produkte die das Unternehmen herstellt.

DJI Osmo Action Kameras:

Neben Drohnen hat DJI auch den Bereich der Action-Kameras erobert. Die DJI Osmo Action Kamera ist ein herausragendes Beispiel. Diese Kameras sind für ihre Robustheit und herausragende Bildqualität bekannt. Sie sind perfekt für Abenteuerlustige und Sportbegeisterte, die Action-Aufnahmen in höchster Qualität festhalten möchten.

Gimbal-Systeme - Die DJI Ronin Serie:

DJI ist nicht nur auf dem Gebiet der Luftbildfotografie führend, sondern auch im Bereich der Bildstabilisierung für Bodenaufnahmen. Die DJI Ronin Serie umfasst verschiedene Gimbal-Systeme, die für Filmemacher und Content-Ersteller unverzichtbar sind. Diese Systeme ermöglichen reibungslose und professionelle Kamerafahrten und tragen wesentlich zur Verbesserung der Videoproduktion bei.

Kompakte Gimbalkameras - DJI Pocket Serie:

Die DJI Pocket Serie, darunter das neueste Modell, die DJI Pocket 3, kombiniert die Vorteile von Gimbal-Stabilisierung mit Kompaktheit und einer hochwertigen Kamera. Diese handlichen Kameras passen in deine Tasche und ermöglichen beeindruckend stabile Aufnahmen - perfekt für Vlogger, Reisende und alle, die unterwegs hochwertige Videos aufnehmen möchten.

DJI stellt nicht nur Gimbal-Systeme für Kameras und mit Kameras her, sondern auch für Smartphones. Ein herausragendes Beispiel ist der DJI Osmo Mobile (aktuell OM-6).

DJI Osmo Mobile OM-6 - Für Stabilisierung deiner Smartphone-Aufnahmen:

Der DJI Osmo Mobile OM-6 ist ein Handheld-Gimbal, der entwickelt wurde, um die Stabilität und Qualität von Smartphone-Aufnahmen zu verbessern. Mit diesem Gerät kannst du professionell aussehende Videos und Fotos mit deinem Smartphone aufnehmen, unabhängig von den Bewegungen deiner Hand.

Funkmikrofone und mehr:

Neben Kameras und Bildstabilisierung bietet DJI auch Zubehör wie Funkmikrofone, um die Audioqualität deiner Aufnahmen zu verbessern. Das Unternehmen erweitert ständig sein Angebot und bringt innovative Produkte auf den Markt, um die Bedürfnisse von Content-Erstellern und Filmemachern zu erfüllen.

DJI in der Kreativbranche:

DJI hat es geschafft, sich in der Kreativbranche einen festen Platz zu sichern. Ihre Produkte werden von Profis und Hobbyisten gleichermaßen geschätzt, da sie die Werkzeuge bieten, um hochwertige Inhalte zu erstellen. Die Kombination aus Drohnen, Action-Kameras, Gimbals und anderen Zubehörteilen macht DJI zu einer umfassenden Lösung für Filmemacher und Kreative auf der ganzen Welt.

Technologische Innovation:

Eine der beeindruckendsten Technologien von DJI ist ihre Bildstabilisierungstechnologie. Ihre Gimbal-Systeme sorgen dafür, dass die aufgenommenen Bilder und Videos selbst bei turbulenten Flugbedingungen glatt und professionell aussehen.

DJI hat auch fortschrittliche Flugkontrollsysteme entwickelt, die die Sicherheit und Steuerbarkeit von Drohnen verbessern. Dies umfasst Funktionen wie Hinderniserkennung und -vermeidung, GPS-Ortung und vieles mehr.

Die globale Auswirkung von DJI:

DJI hat die Drohnenindustrie revolutioniert und die Art und Weise verändert, wie wir die Welt aus der Luft betrachten. Ihre Produkte werden weltweit in verschiedenen Sektoren eingesetzt, von der Luftbildfotografie über die Landwirtschaft bis hin zur Katastrophenhilfe und Rettungsmissionen.

Das Unternehmen hat eine treue Anhängerschaft von Drohnen-Enthusiasten und Profis gewonnen, die die Qualität und Innovation der Produkte schätzen. DJI hat auch Bildungsprogramme und Communities geschaffen, um Wissen über Drohnen und deren sichere Verwendung zu fördern.

Die Vision von DJI:

Frank Wang, der Gründer von DJI, hatte eine klare Vision, als er das Unternehmen gründete. Er wollte die Welt sicherer und produktiver durch Drohnentechnologie machen. Dies zeigt sich in den zahlreichen Anwendungen ihrer Produkte, sei es bei der Umweltüberwachung, der Präzisionslandwirtschaft oder der Unterstützung von Rettungseinsätzen.

EXKURS

Potensic

Potensic ist ein Unternehmen, das sich auf die Herstellung von Drohnen spezialisiert hat. Das Unternehmen hat in der Drohnenindustrie in den letzten Jahren an Bekanntheit gewonnen. Hier sind einige wichtige Informationen über Potensic:

Unternehmensprofil:

Potensic ist ein chinesisches Unternehmen, das sich auf die Entwicklung und Herstellung von Drohnen und damit verbundenen Produkten konzentriert. Obwohl es nicht so bekannt ist wie einige der größeren Marken in der Branche, hat es dennoch eine Nische für sich gefunden.

Produktpalette:

Potensic bietet eine breite Palette von Drohnen an, die sich an verschiedene Zielgruppen richten. Sie haben Einsteigermodelle für Anfänger und auch fortschrittlichere Drohnen für erfahrene Piloten. Einige ihrer Drohnen sind speziell für Luftbildfotografie und Videografie ausgelegt und verfügen über hochwertige Kameras. (z.B. die Potensic Atom Serie)

Funktionen und Technologie:

Die Drohnen von Potensic sind oft mit einer Vielzahl von Funktionen ausgestattet, die das Fliegen und Aufnehmen von Luftaufnahmen erleichtern. Dies kann Funktionen wie GPS-Ortung, Höhenhaltung, automatische Rückkehr und Flugbahnplanung umfassen.

Einsatzgebiete:

Potensic-Drohnen werden in verschiedenen Anwendungsbereichen eingesetzt, von Hobbyflügen bis hin zu professionellen Anwendungen. Sie sind oft bei Hobbyisten und Freizeitpiloten beliebt, die Luftaufnahmen machen oder einfach nur Spaß am Fliegen haben.

Konkurrenz und Marktposition:

Der Drohnenmarkt ist äußerst wettbewerbsintensiv, und Potensic steht in Konkurrenz zu anderen etablierten Marken in der Branche. Das Unternehmen hat versucht, sich durch eine Kombination von Funktionen, Qualität und Preiswettbewerbsfähigkeit zu behaupten.

EXKURS

Autel Robotics

Autel Robotics ist ein US-amerikanisches Unternehmen, das sich auf die Herstellung von Drohnen spezialisiert hat. Das Unternehmen hat in den letzten Jahren an Bekanntheit und Reputation in der Drohnenindustrie gewonnen. Hier sind einige wichtige Informationen über Autel Robotics:

Unternehmensprofil:

Autel Robotics wurde im Jahr 2014 gegründet und hat seinen Hauptsitz in Bothell, Washington. Das Unternehmen ist ein Ableger der chinesischen Muttergesellschaft Autel Intelligent Technology Corporation. Autel Robotics hat sich darauf konzentriert, qualitativ hochwertige und leistungsstarke Drohnen für verschiedene Anwendungen herzustellen.

Produktpalette:

Autel Robotics bietet eine breite Palette von Drohnen für verschiedene Zielgruppen und Anwendungen. Dazu gehören Kameradrohnen, Hobby-Drohnen und professionelle Drohnen. Die bekanntesten Modelle sind Teil der "Autel EVO"-Reihe, darunter die Autel EVO Lite+ und Autel EVO Lite Dual. Diese Drohnen zeichnen sich durch hochwertige Kameras und fortschrittliche Flugfunktionen aus.

Funktionen und Technologie:

Die Autel EVO-Drohnen sind mit fortschrittlichen Funktionen wie 6K-Kameras, Hindernisvermeidungssystemen, GPS-Ortung und einer Reihe von intelligenten Flugmodi ausgestattet. Dies macht sie geeignet für Luftbildfotografie, Videografie und professionelle Anwendungen.

Einsatzgebiete:

Autel Robotics hat seine Drohnen für verschiedene Anwendungsbereiche entwickelt. Die hochwertigen Kameras und die Stabilität der Flugplattformen machen sie ideal für Luftbildfotografen, Filmemacher und professionelle Anwender. Die EVO-Linie bietet auch thermische Kameras und Dual-Kameras, die in Branchen wie öffentliche Sicherheit, Inspektionen und Rettungsdienste eingesetzt werden.

Marktposition:

Autel Robotics hat sich als ernstzunehmender Konkurrent in der Drohnenbranche etabliert. Die Qualität, Leistung und Funktionen ihrer Drohnen haben sie bei Kunden beliebt gemacht, und sie haben Anerkennung für ihre technologischen Innovationen erhalten.

EXKURS

Parrot

Parrot ist ein französisches Unternehmen, das sich auf die Entwicklung und Herstellung von Drohnen und anderen innovativen Technologien spezialisiert hat. Das Unternehmen hat in der Drohnenbranche eine herausragende Rolle gespielt und ist für seine breite Produktpalette bekannt. Hier sind einige wichtige Informationen über Parrot-Drohnen:

Unternehmensprofil:

Parrot wurde 1994 gegründet und hat seinen Hauptsitz in Paris, Frankreich. Das Unternehmen hat im Laufe der Jahre ein breites Spektrum an Produkten entwickelt, darunter Drohnen, kabellose Audiogeräte und weitere innovative Technologien.

Produktpalette:

Parrot bietet eine vielfältige Produktpalette von Drohnen an, die sich an unterschiedliche Zielgruppen und Anwendungen richten. Dazu gehören:

- ANAFI-Reihe:
Diese Drohnen sind für Luftbildfotografie und Videografie konzipiert und
zeichnen sich durch ihre kompakte Bauweise und hochwertige Kameras aus.

- Parrot Bebop:
Die Bebop-Reihe umfasst Drohnen, die sich sowohl an Einsteiger als auch an
erfahrene Piloten richten. Sie bieten eine ausgewogene Mischung aus
Flugspaß und Bildqualität.

- Parrot Disco:
Diese Drohne ist ein Festdecker, der für Langstreckenflüge und FPV (First
Person View)-Erlebnisse entwickelt wurde.

- Parrot Mambo und MiniDrones:
Dies sind Mini-Drohnen, die für Unterhaltung und Spaß entwickelt wurden.
Sie eignen sich für Flugspiele und haben verschiedene Funktionen wie
Greifarme oder Kanonen.

Funktionen und Technologie:

Parrot-Drohnen sind mit verschiedenen Funktionen ausgestattet,
darunter GPS-Ortung, Hinderniserkennung und -vermeidung, FPV-
Flug und vieles mehr. Die ANAFI-Drohnen zeichnen sich durch ihre
4K-Kameras und Gimbal-Stabilisierung aus, während die MiniDrones
auf Agilität und Spaß ausgerichtet sind.

Einsatzgebiete:

Parrot-Drohnen finden in verschiedenen Anwendungsbereichen
Anwendung. Sie werden von Luftbildfotografen und Videofilmern
geschätzt, sind aber auch in der Vermessung, Landwirtschaft und
bei Rettungsmissionen im Einsatz.

Kooperationen und Innovation:

Parrot hat im Laufe der Jahre Partnerschaften mit verschiedenen Unternehmen und Organisationen geschlossen, um innovative Lösungen zu entwickeln. Sie haben auch Bildungsprogramme und Plattformen für Entwickler bereitgestellt, um die Anwendungsmöglichkeiten ihrer Technologien zu erweitern.

EXKURS

Yuneec

Yuneec International ist ein chinesisches Unternehmen, das sich auf die Herstellung von Drohnen und Elektroflugzeugen spezialisiert hat. Das Unternehmen hat in der Drohnenindustrie einen bedeutenden Platz eingenommen und ist für seine breite Produktpalette und technologische Innovationen bekannt. Hier sind einige wichtige Informationen über Yuneec:

Unternehmensprofil:

Yuneec wurde 1999 gegründet und hat seinen Hauptsitz in Jiangsu, China. Das Unternehmen hat sich auf die Entwicklung von Elektroflugzeugen und Drohnen spezialisiert und ist in verschiedenen Ländern aktiv.

Produktpalette:

Yuneec bietet eine breite Produktpalette von Drohnen an, die sich an verschiedene Zielgruppen und Anwendungen richten. Dazu gehören:

- Yuneec Typhoon-Reihe:
Diese Drohnen sind für Luftbildfotografie und Videografie entwickelt worden und zeichnen sich durch hochwertige Kameras und fortschrittliche Flugfunktionen aus.

- Yuneec Mantis-Reihe:
Die Mantis-Drohnen sind kompakte und tragbare Modelle, die sich gut für Reisen und Abenteuer eignen. Sie bieten dennoch leistungsstarke Kamerafunktionen.

- Yuneec H520:
Dies ist ein professioneller Multikopter, der in Branchen wie Inspektion, Vermessung und öffentliche Sicherheit eingesetzt wird.

Funktionen und Technologie:

Yuneec-Drohnen sind mit verschiedenen Funktionen ausgestattet, darunter GPS-Ortung, Hinderniserkennung und -vermeidung, intelligente Flugmodi und fortschrittliche Kamera- und Gimbal-Stabilisierungstechnologien.

Einsatzgebiete:

Yuneec-Drohnen finden in verschiedenen Anwendungsbereichen Anwendung. Sie werden von Luftbildfotografen und Videofilmern genutzt, aber auch in professionellen Branchen wie Inspektion, Vermessung und öffentliche Sicherheit. Die H520-Reihe ist insbesondere in diesen gewerblichen Anwendungen beliebt.

Technologische Innovation:

Yuneec hat im Laufe der Jahre eine Reihe von technologischen Innovationen in seine Drohnen integriert, darunter thermische Kameras und fortschrittliche Fernsteuerungstechnologien.

...und es gibt noch viele weitere tolle Hersteller – und es werden auch immer mehr.

Danksagung

Liebe Leserinnen und Leser,

mit großer Freude präsentiere ich Ihnen mein Buch "Himmelsgrenzen: Ein umfassender Blick auf Drohnen und ihre Anwendungen". Dieses Werk wäre ohne die Unterstützung und Geduld meiner wunderbaren Familie nicht möglich gewesen.

Ein herzlicher Dank geht an meine liebe Ehefrau Sandra, die in den Zeiten, in denen ich tief in die Arbeit an diesem Buch vertieft war, nicht nur unsere sieben Kinder beaufsichtigt hat, sondern mir auch mit Rat und Tat zur Seite stand. Deine Geduld und Unterstützung bedeuten mir alles.

Ein besonderer Dank gilt meiner Tochter Leonie, die stets an mich geglaubt hat und mich ermutigt hat, auch in den herausfordernden Momenten. Ebenso richte ich meinen Dank an meine Söhne Elias, Maximilian, Samuel und meinen kleinen Marc – zugegeben, er ist nicht mehr wirklich klein ☺ mit 12 Jahren, der aber als echter Drohnenenthusiast bereits aufgeregt von dem Buch erzählt hat und es kaum erwarten kann es in den Händen zu halten.

Marc, ich hoffe, die DJI Mavic Mini zu Weihnachten wird all deine Erwartungen übertreffen.

Ein herzliches Dankeschön geht auch an meinen jüngsten Sohn Emilio, der in der Zeit des Schreibens auf seinen Papa verzichtet hat und stets nach mir gefragt hat. Deine Liebe und Geduld berühren mein Herz.

Auch meine Tochter Julia, die voller Neugier und Fragen auf das Buch wartet, möchte ich für ihre Unterstützung und Begeisterung danken.

Dieses Buch ist nicht nur das Ergebnis meiner Arbeit, sondern auch das Resultat der bedingungslosen Liebe und Unterstützung meiner Familie. Möge es Ihnen ebenso viel Freude bereiten, wie mir das Schreiben.

Im Rahmen dieser Danksagung möchte ich auch besondere Menschen würdigen, die im Entstehungsprozess dieses Buches eine bedeutende Rolle gespielt haben.
Ein herzliches Dankeschön geht an meine liebe Mutter Elke Weiß, die an mich geglaubt hat und mir mit ihrer bedingungslosen Unterstützung den Rücken gestärkt hat.

Deine Liebe und dein Vertrauen bedeuten mir unendlich viel.

Auch meine Schwester Annette Sieben, die trotz der räumlichen Distanz eine wichtige Stütze für mich ist, soll Erwähnung finden. Annette, als Lehrerin für Deutsch, und Religion sowie Geschichte und andere allgemeinbildende, wichtige Fächer an einer Gesamtschule, verkörpert Wissen und Bildung. Auch wenn du bisher nichts von meinem Buch weißt, möchte ich dir für deine Inspiration und deine Rolle in meiner Entwicklung danken.

Ihr alle habt dazu beigetragen, dass dieses Buch Wirklichkeit werden konnte. Eure Unterstützung bedeutet mir mehr, als Worte ausdrücken können.

Herzlichst,

Christian Selgrad

Rabattgutschein

Und zum Schluss liebe Leserinnen und Leser möchte ich Ihnen noch eine exklusive Möglichkeit bieten, das A2 Fernpilotenzeugnis sehr kompetent und günstig zu absolvieren, mit absoluter Fachkompetenz und Know-how:

Das ProFlyCenter/DJI Academy hat dafür einen extra Gutscheincode zur Verfügung gestellt für die Leser und Leserinnen dieses Buches.

http://www.proflycenter.com

Dort habe ich persönlich mein A2 Fernpilotenzeugnis absolviert und kann dies wärmstens weiterempfehlen. Auf den Preis gibt es mit dem Code 15% Rabatt.

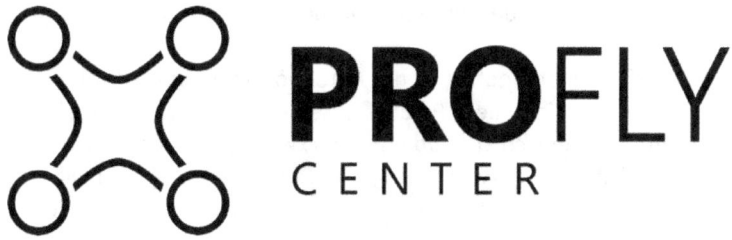

Gutscheincode:

HGCSPFC15

Code bei Anmeldung zum Fernpilotenzeugnis A2 angeben.

Viel Freude und Erfolg!

Über den Autor:

Nach Abschluss der Handelsschulausbildung eröffnete sich ein neues Kapitel im Leben des Autors. Vor den aufbauenden Ausbildungen erwarb er die Hochschulreife, was den Grundstein für seine akademische Laufbahn legte. Sein Weg führte ihn von der Ausbildung zum Verkäufer im Fachbereich Computer und Zubehör zu einer weiteren, vertiefenden Ausbildung zum Kaufmann im Einzelhandel. Hier lag der Schwerpunkt auf den Bereichen EDV, Marketing und Einkauf.

Die akademische Reise setzte sich an der Technischen Universität fort, wo der Autor sein Studium der Betriebswirtschaft erfolgreich abschloss und den Titel des Diplom-Betriebswirts erlangte. Diese fundierte Ausbildung bildet das Gerüst für seine facettenreichen Interessen und beruflichen Erfahrungen.

Seit frühester Kindheit ist der Autor von Technologie und Computern fasziniert. Parallel zu seiner beruflichen Laufbahn entfaltete er sich als Studiomusiker, wobei er als professioneller Gitarrist und Songwriter tätig war. Die Liebe zur Musik bleibt eine konstante Leidenschaft, die sich harmonisch in sein vielschichtiges Leben einfügt.

Die Bedeutung von Familie steht für den Autor an erster Stelle und begleitet ihn als zentrales Element seines Lebens. Hinter dieser Priorität nimmt die Technik einen bedeutenden Platz ein, wobei sein Interesse insbesondere den Bereichen Künstliche Intelligenz, Technologie, Computer und Luftfahrt gilt.

Die Faszination für Drohnen erwachte durch die technische Affinität des Autors und führte ihn schließlich zu seiner Rolle als Hobbydrohnenpilot.

Die Begeisterung für diese faszinierende Technologie motivierte ihn dazu, seine Erfahrungen, Erkenntnisse und Leidenschaft in einem Buch zu teilen.

Das vorliegende Werk ist das Resultat einer tiefgreifenden Auseinandersetzung mit der faszinierenden Welt der Drohnen.

Es bleibt zu hoffen, dass die Begeisterung und Expertise des Autors in diesem Buch ebenso spürbar sind wie die Sorgfalt, die in jede Zeile geflossen ist.

www.ingramcontent.com/pod-product-compliance
Lightning Source LLC
Chambersburg PA
CBHW072358290526
45794CB00001B/110